幻の武州八十八霊場

埼玉の古寺をたずねて

大舘 右喜

はじめに
―武州八十八霊場とは―

本書は江戸時代後期に西武州において開闢《かいびゃく》され、多くの庶民に信仰と礼讃をうけた武州八十八霊場について踏査したものである。この霊場は四国の八十八札所霊場、すなわち、阿波国二十三か所（徳島県）、土佐国十六か所（高知県）、伊予国二十六か所（愛媛県）、讃岐国二十三か所（香川県）の写しを武州に設け、人々を平安の境地に導くものであった。

このような動向は弘法大師（七七四～八三五）の千年忌をむかえ、日本各地でおこなわれ総数一千件に及んだと推定されている。まさに、江戸文化が全盛をきわめた文化・文政時代（一八〇四～二九）から天保時代（一八三〇～四三）の流行でもあった。

庶民が四国の霊場を巡る遍路は、険しい山川をゆく難行であり、経済的負担も大きかったから、各地における写しは率直に受け入れられたのであろう。

文化九年（一八一二）三月五日、武州越生の法恩寺山主は、この地方に新四国八十八霊場の開闢を企画し、外秩父山塊に連なる「武州山之根」の丘陵・平野の諸寺院に提案して八十八寺の順路を定めた。そして法恩寺山主は親交の深かった上野村の瑠璃山医王寺秀如や堂山村青龍山最勝寺海恵、田代村吉沢凡斎などから版行の寄付をうけ、有力商人の亀屋宗兵衛・藤屋宗八から用紙の寄付をえて『印施新四国遍路御詠歌』という順路の案内書を刊行したのである。同書は次のように記している。

「第一番　阿州霊山寺写（徳島県鳴門市）　越生　法恩寺（越生町）

霊山のしやかのみまへにめぐりきてよろつのつみもきへうせにけり

同奥院　　　　　　　　粟生田　青蓮寺（坂戸市）

憐の誓そ深き青蓮寺慈悲の五眼の仰きこそすれ
第二番　同国極楽寺写（同県鳴門市）　同所　正法寺（越生町）
極楽のみだの浄土へゆきたくハ南無阿みだ仏口くせにせよ
同奥院　　　　　　　　　　　　　　黒岩　長徳寺（越生町）
しゅごのためとてもあかむる長徳寺まいる人にハ利益まします
第三番　同金泉寺写（同県板野町）　上野　医王寺（越生町）
極楽のたからの池を思へたゝこがねの泉すみたゝえたる
同奥院　　　　　　　　　　　　　　同所　万蔵寺（越生町）
万代の人の願ひをそのまゝにあたへましますこくうそうそん（虚空蔵尊）
第四番　同大日寺写（同県板野町）　同所　多門寺（越生町）
なかむれハ月白たへの夜半なれやたゝくろ谷に墨染のそで
同奥院　　　　　　　　　　　　　　滝の入　行蔵寺（毛呂山町）
あさことにむつのちまたの道わけてつみもかわりてすくひまします
第五番　同地蔵寺写（同県板野町）　小池　宝福寺（毛呂山町）
六道の能化の地蔵大ほさつみちひきたまへ此世のちのよ（中略）
第八十八番　讃岐国大窪寺写（香川県長尾町）　高麗　聖天院（日高市）」

右のように四国八十八霊場の第一番阿波国鳴門（徳島県鳴門市）霊山寺の写しを、越生法恩寺と定め、霊山寺の御詠歌を掲げ、法恩寺の奥院栗生田青蓮寺の御詠歌を添えている。奥院は一部の寺に限られるが在所の御詠歌を記し、地方における信仰の深まりを伝えている。

法恩寺が開闢の中心となったこの霊場には同寺はもとより、関東屈指の名刹、第十八番慈光寺をはじめとして、観音詣で賑わった第三十一番岩殿観音正法寺、真言宗の談林第三十八番息障院、順打ちの満願成就に叶う第八十八番高麗の聖天院など、多くの著名寺院が存在した。

人々は霊場を訪れ、信仰を深めるとともに悩む心の開放を求めている。人々は装束をかため、遍路姿で行列をなし、南無大師遍照金剛などと唱えながら、霊場を巡り、各地において村民の「接待」をうけたのである。四国への巡礼は極めて困難であったから、各地に開闢された新四国八十八霊場を巡り、満願成就によって癒されたのである。

しかし霊場の信仰は、支配者としての徳川幕府にとって放置しがたい事態であった。庶民が各地において「接待」をうけ交流すれば、情報の伝達によって社会批判や反抗が生じる危険もあった。また、生業を休み遊興と奢侈《しゃし》に耽ることでもあるとみて、弘法大師の千年忌が終わると同時に、幕府は禁圧にむかったのである。

弘化二年（一八四五）四月十五日、新四国八十八札所の禁令（『幕末御触書集成、第三巻、二六一頁』）によれば、村々において新規に堂社を建て、あるいは弘法大師像を安置し、巡拝組合を設け、相互に「接待」と唱えて酒食を提供しているが、これらは遊興であるから全て禁止する。また小堂などは即時取り壊すようにと命じたのである。

こうした禁圧政策により、全国に千か所を越えて開かれた新四国八十八霊場は衰退することになったのである。

このたび、『印施新四国遍路御詠歌』を読み、先人の足跡《そくせき》を訪ね、人々の信仰心を学び、あわせて地方の活性化・村おこしの課題を展望して、有意義なひとときをおくることができたのである。

幻の武州八十八霊場

埼玉の古寺をたずねて

◎目次◎

※本書は古文書「印施新四国遍路御詠歌」による武州八十八霊場の紹介である。叙述は一部を除き常用漢字を用い、碑文などの異体字は通用の字体に改めた。
※本書に掲載の写真撮影は著者。

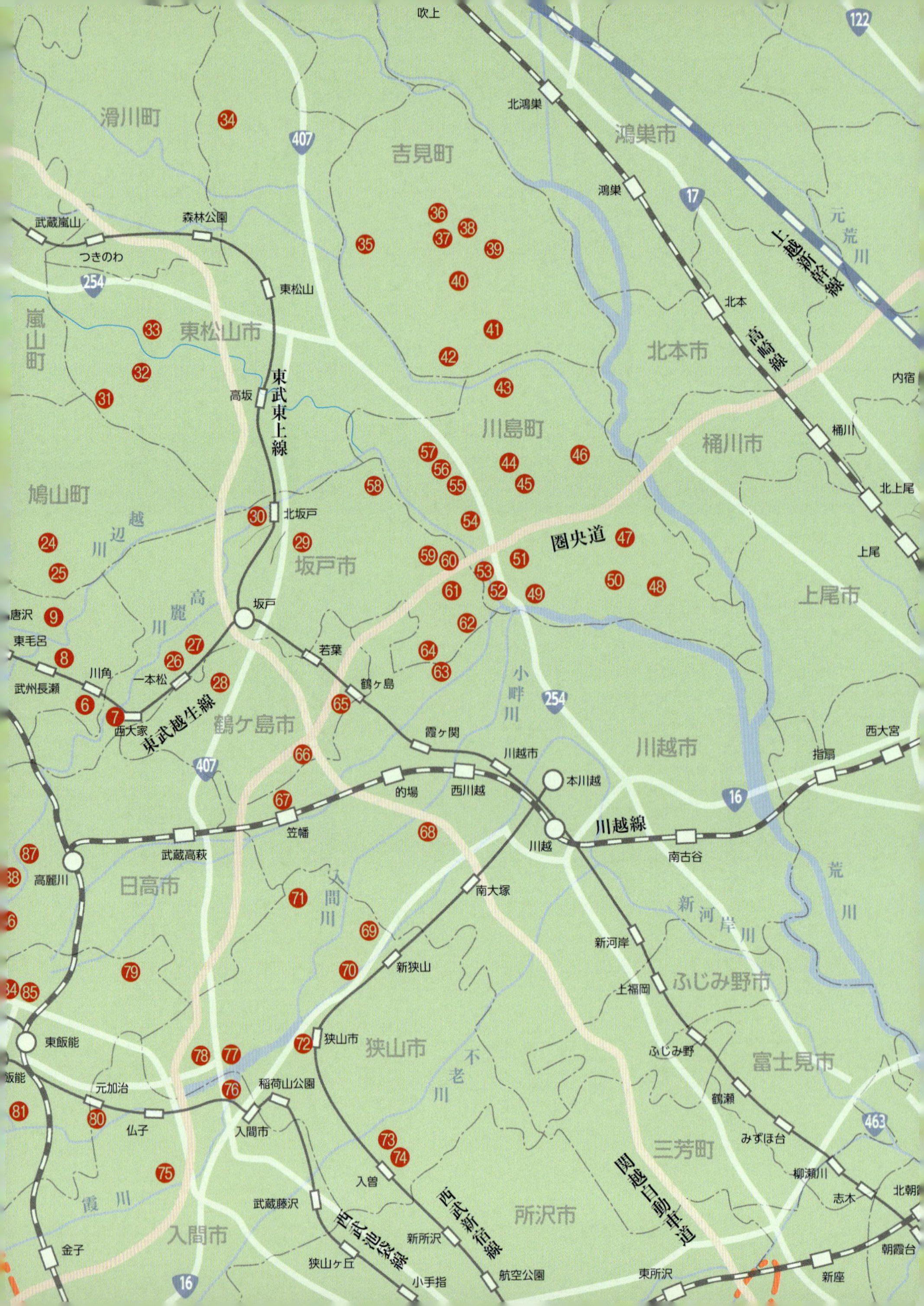

吹上
122
北鴻巣
鴻巣市
407
滑川町
吉見町
鴻巣
17
元荒川
武蔵嵐山
森林公園
つきのわ
254
上越新幹線
東松山
北本
高崎線
嵐山町
東松山市
北本市
内宿
高坂
東武東上線
桶川
川島町
桶川市
北上尾
鳩山町
北坂戸
越辺川
圏央道
坂戸市
上尾
上尾市
坂戸
高麗川
唐沢
東毛呂
若葉
川角
一本松
鶴ケ島
武州長瀬
小畔川
254
西大家
東武越生線
鶴ケ島市
霞ケ関
西大宮
川越市
指扇
川越市
407
本川越
的場
西川越
16
笠幡
川越
川越線
武蔵高萩
南古谷
高麗川
日高市
入間川
南大塚
荒川
新河岸川
新河岸
新狭山
上福岡
ふじみ野市
東飯能
狭山市
不老川
ふじみ野
富士見市
飯能
元加治
稲荷山公園
鶴瀬
463
仏子
入間市
みずほ台
三芳町
入曽
柳瀬川
北朝霞
志木
霞川
武蔵藤沢
西武池袋線
西武新宿線
所沢市
関越自動車道
入間市
新所沢
金子
朝霞台
狭山ケ丘
16
小手指
航空公園
東所沢
新座

武州八十八霊場
位置図

1 法恩寺
2 正法寺
3 医王寺
4 多門寺
5 宝福寺
6 延命寺
7 観音寺
8 南蔵寺
9 山本坊
10 龍台寺
11 興禅寺
12 見正寺
13 高蔵寺
14 大泉院
15 最勝寺
16 仏心院
17 慈眼坊
18 慈光寺
19 長勝寺
20 観音寺
21 医光寺跡
22 光明寺
23 満願寺
24 真光寺
25 興長寺
26 大榮寺
27 長久寺
28 善能寺
29 大智寺
30 龍福寺
31 正法寺
32 長慶寺
33 安楽寺
34 成就院
35 龍性院
36 安楽寺
37 正伝寺
38 息障院
39 明王院
40 無量寺
41 観音寺
42 宝性寺
43 法鈴寺
44 西見寺
45 極楽寺
46 善福寺
47 広徳寺
48 十輪寺
49 慈眼院
50 弘善寺
51 大福寺
52 大聖寺
53 金乗院
54 善能寺
55 金剛寺
56 延命寺
57 正福寺
58 光勝寺
59 東光寺
60 法音寺
61 忠榮寺
62 長福寺
63 永命寺
64 慈眼寺
65 正音寺
66 満福寺
67 延命寺
68 三明院
69 広福寺
70 瑞光寺
71 永代寺
72 成円寺
73 常泉寺
74 金剛院
75 龍円寺
76 蓮華院
77 明光寺
78 観音堂
79 普門寺
80 円照寺
81 願成寺
82 歓喜寺
83 観音寺
84 智観寺
85 真福寺
86 龍泉寺
87 霊巌寺
88 聖天院

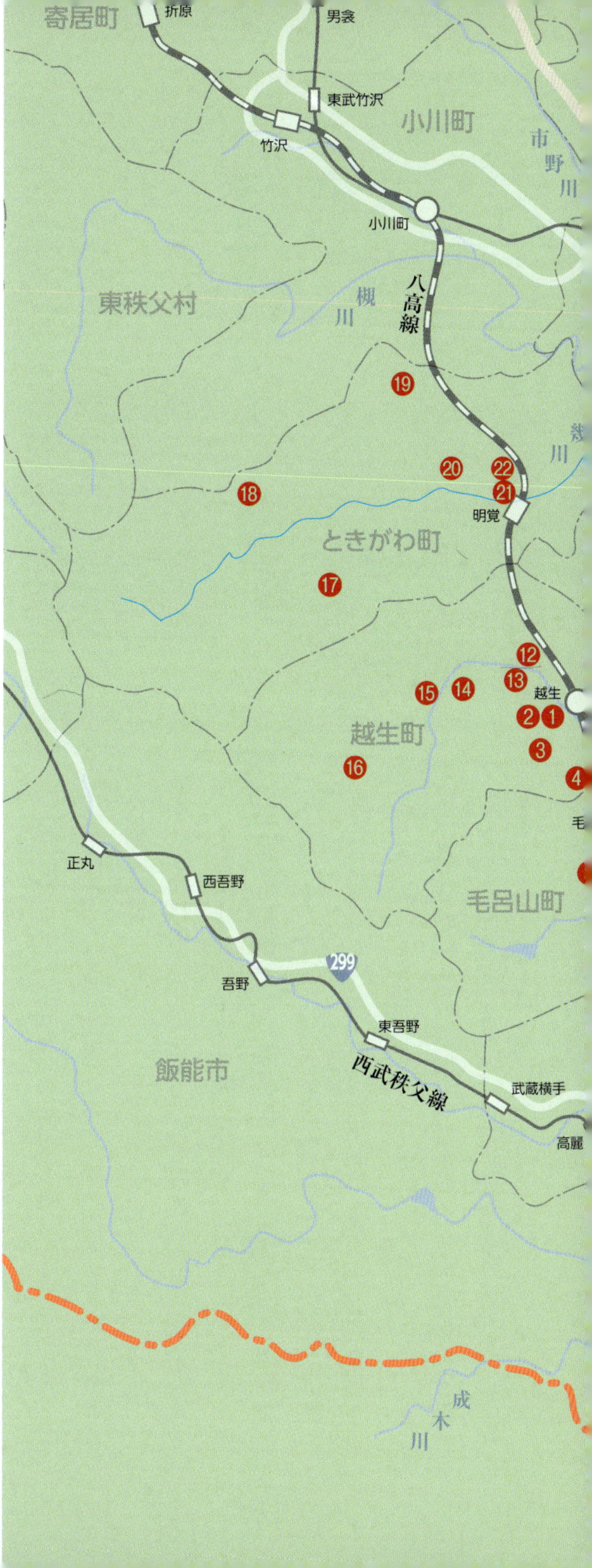

第一番

法《ほう》恩《おん》寺《じ》

越生（越生町）

◉道案内
ＪＲ八高線・東武越生線
越生駅より第一〜四番

本堂

武州八十八霊場を開いた法恩寺は、新義真言宗関東十一箇談林の格式をもつ名刹である。そのむかし八世紀の天平年間、行基菩薩により創建され、ひととき衰退したが、源頼朝が越生次郎家行に命じて堂塔伽藍を再興したと伝えられ、その後、中興開山栄曇が応永五年（一三九八）に入山し、真言宗の道場となった。

天正十八年（一五九〇）徳川家康は寺領二十石の朱印状を与えている。法恩寺の『松渓山法恩寺独礼願並びに納経拝礼之日記』（『新編埼玉県史資料編18宗教』）によれば、将軍に拝謁を許された格式ある寺院であった。

なお法恩寺は足立郡蕨三學院・同郡倉田明星院・埼玉郡騎西龍花院・同郡忍長久寺・同郡成田一条院などとともに、武蔵真言宗を代表する寺院で、とくに江戸時代は吉見息障院・高麗聖天院・安戸上品寺などと親交を深め、寺の維持に尽くしたようである。

法恩寺の絹本着色高野明神像・丹生明神像・釈迦三尊および阿難迦葉像などは、国指定重要文化財である。

なお絹本着色両界曼荼羅は県指定文化財、そのほか多数の貴重な資料を所蔵されている。

法恩寺はＪＲ八高線・東武越生《おごせ》線の越生駅前にある。山門に松渓山とあり、傍らに大きな馬頭観音の碑が見える。本堂前の桜の巨木は満開の春、訪れる人に息をのむような感動を与え、本堂の左手に蓬莱池が巡り、阿弥陀堂と鐘楼が池の面に影を写している。

池の傍らに宝篋印塔《ほうきょういんとう》が一基、「享保十二年十一月吉日、住蹲昌維行英信」と見える。また並んで聖徳太子宝塔があり、「昭和六年十月入間・比企諸職人一同敬白」と刻まれている。

阿弥陀堂より墓域に上ると、傍らに「渋沢平九郎埋首之碑、日本学士院会員工学博士渋沢元治書」という大きな碑がある。山口平八氏の碑背解説によれば、戊

山門

阿弥陀堂

鐘楼

辰戦争のとき武州振武軍を率いて官軍に抗戦、黒山で自刃した渋沢平九郎の首は当地に、胴は全洞院に葬られているという。

広い墓域には歴代住僧の墓塔が並び、家康に拝謁、論談に及んだ慶秀法印をはじめ、玄秀法印・秀存法印等々

渋沢平九郎埋首之碑

圧倒されるような景観である。諸檀家の墓地にも田島家ほか、寛永以降の宝篋印塔が数列にわたって立っている。

◉第一番　阿波竺和山霊山寺（鳴門市）

霊山の釈迦の御前に巡り来て
よろづの罪も消え失せにけり

慶秀法印ほか代々の墓塔

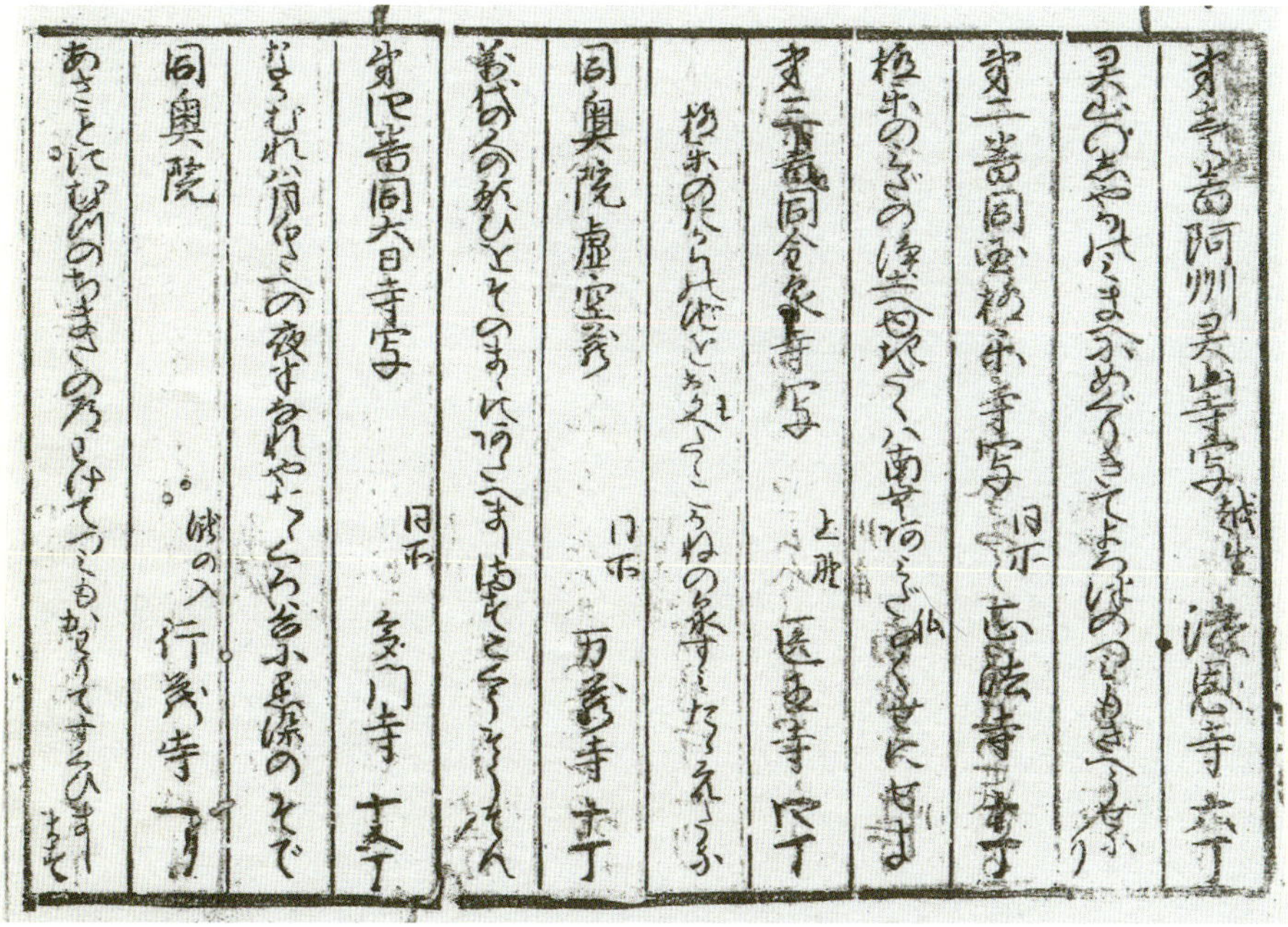

印施新四国遍路御詠歌

蓬莱池と宝篋印塔

第二番

正《しょう》法《ぼう》寺《じ》

越生（越生町）

◉道案内
JR八高線・東武越生線
越生駅より第一～四番

山門

正法寺は法恩寺と同じく越生《おごせ》町今市にある。法恩寺より西に進み、世界無名戦士の墓に至る坂道を登ると、右側の山に囲まれて寺が見える。階段を上がると山門、正法禅寺という扁額は山岡鉄舟の筆になる。参道には桜の大木が並び立ち、下に藤の老樹が見事な棚をなしている。

本堂の左に大黒天が祀られ、鉄舟の「玄龍窟」という扁額がみられる。堂前の板碑は下部を地中に埋め、わずかに文永四年（一二六七）と読める。堂内は左に不動像と閻魔大王像が安置されている。

寺域の奥山に墓が階段状に広がり、寺は竹藪と深い堀に囲まれている。音を立てて谷川の清水が流れ下っているのが印象的である。

正法寺は大慈山と号し朱印高十石、臨済宗鎌倉円覚寺末である。八十八札所はおおむね真言宗寺院であるが、当寺は禅寺である。『新編武蔵風土記稿』（以下『新記』と省略する）に「古は真言宗なりしにや、本尊

本堂

十一面観音を安置」と記し、宝物に般若心経木版があり、「正法寺造営勧進」と刻まれているという。現在本尊は聖観音である。

なお、四国の八十八霊場にも禅宗寺院が存在し、第十一番阿波の金剛山藤井寺は臨済宗妙心寺派に属し、ここより第十二番札所焼山寺への道が、難所で有名な「遍路ころがし」である。その他、第十五番阿波国分寺は曹洞宗、第三十三番土佐雪蹊寺が臨済宗妙心寺派である。

◉第二番　阿波極楽寺（鳴門市）

極楽の弥陀の浄土へ行きたくば
　南無阿弥陀仏口癖にせよ

「玄龍窟」前の板碑

第三番

医《い》王《おう》寺《じ》

上野（越生町）

◉道案内
JR八高線・東武越生線
越生駅より第一～四番

山門

上野《うえの》の医王寺は、第二番正法寺より越生駅方面に戻り、県道飯能寄居線を南に進み、越生郵便局から西方の上野公民館を右に見て、小川と水田が寄り添う小道を歩むと、先方に姿を現す。

寺に続く斜面の畑は梅園である。果実を穫るための梅は背が低く枝を横に広げている。寺域に入ると周囲に小さな堀を巡らせているのがわかる。

医王寺は法恩寺末、薬師堂領朱印高十五石、瑠璃山東園院と号し、きわめて古い名刹である。平安時代の草庵より発したとの伝えがあり、開山曇秀は寛正四年（一四六三）遷化という。中世地方諸豪族の帰依によって尊像・堂舎を造営したのである。天正十八年（一五九〇）五月、小田原攻めのとき、前田利家が与えた禁制が伝えられている。

境内は美しい白壁の塀で囲まれ、山門の前に大きな蓬莱池がある。いまは草に埋もれているが、ここは小さな田の灌漑用水である。右には大蔵経の碑がある。

広々とした丘陵に翼を広げるような寺域。本堂の東に鐘楼、西に薬師堂が配置され美しい空間である。薬師堂の右に六地蔵と将軍地蔵の塔が並ぶ。左の大宝篋印塔は当山二十三世が、宝暦十四年（明和元年・一七六四）に建立したものである。

境内の西側に大きな板碑《いたび》が二基、法界萬霊と読めるが、その他、碑面が剥落しているため判然としない。薬師堂の背後に歴代住持の墓塔がある。古い五輪塔が十基、寛文八年（一六六八）の宝篋印塔などがある。

明和元年の大宝篋印塔

薬師堂脇の大きな藪椿を見ながら、檀家墓地へ上がると、寛文年間の施主石川権左衛門家、荻野家・森村家など、古色蒼然とした墓塔群が階段模様を構成している。

この丘に立つと医王寺の全景、遥かに広がる上野の集落と梅園など、絶景である。

◉第三番　阿波金泉寺　（板野町）

極楽の宝の池を思えたゞ
黄金の泉澄みたゝえたる

板碑２基、右は法界萬霊

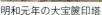

第四番

多門寺《たもんじ》

上野（越生町）

◉道案内
JR八高線・東武越生線
越生駅より第一〜四番

本堂

上野《うえの》の多門寺は、第三番医王寺より飯能寄居線に出て、南方の越生郵便局を越し登戸橋に出る。毛呂川に沿って右折すると、丘陵上に広い雑木林が横たわる。坂道を上がると、参道入り口に「福寿山多門寺」と刻む新しい大石塔が見える。多門寺は越生今市の法恩寺末、福寿山滝房と号し、開山は不明だが、寺の草創は寛元四年（一二四六）らしい。その後、応仁二年（一四六八）空伝が中興開山になったという。多門寺は慶安年中より、毘沙門堂領五石を朱印地として安堵されている。堂内に古来より毘沙門像を祀るが秘仏である。なお、境内入り口に六地蔵がある。

本堂前には亀趺台座《きふだいざ》（亀の形に刻んだ台）の見事な宝篋印塔が存在する。塔を背負う亀の力量感が、帰依の深さを示すようである。この宝篋印塔は第二十世法印英隆のとき、すなわち天明四年（一七八四）施主齋藤覺右衛門が、同二年（一七八二）より起こった飢饉と、社会不安の終息を祈って建立したものである。墓碑によれば、覺右衛門はその十四年後の、寛政十年（一七九八）十一月、「神に今いとまをつげる雪手水」覺右衛門富吉、という辞世の句を残し、この世を去ったのである。齋藤家の墓所には板碑や五輪塔があり、旧家の姿が偲ばれる。

亀趺台座の宝篋印塔はその後、大正十年（一九二一）に修復され、さらに平成十一年（一九九九）台座を補修している。

齋藤家や吉田家、五基の板碑のある富沢家など、上野多門寺の諸檀家が、菩提寺と祖先を敬い、また郷土愛をもって暮らしている。このような、伝統を守る村を訪ねると、何か安堵感を覚えるのである。

◉第四番　阿波大日寺　（板野町）

眺むれば月白妙の夜半なれやたゞ黒谷に墨染の袖

寺号掲額

亀趺台座の宝篋印塔

第五番

宝《ほう》福《ふく》寺《じ》

大谷木小池（毛呂山町）

◉道案内
JR八高線毛呂駅より

宝福寺全景

小池（大谷木《おおやぎ》）の宝福寺は、第四番多門寺の山を下り、毛呂《もろ》駅前の県道１８６号線より毛呂本郷の大通りを抜け、御園橋を右折すると前方に山根神社の木立が見える。神社の彼方に丘陵が横たわり、寺は小さな山上にある。石組の参道入り口に二体の地蔵石像が迎えてくれる。右は天明七年（一七八七）九月、小池村の念仏講中が、この年飢饉や疫病を克服する祈願をこめた像である。左は文久三年（一八六三）秋七月、「施入　為諸精霊菩提」と刻まれている。

宝福寺は越生今市の法恩寺末、澤谷山光明院と号し、往古、葛貫村大石仏にあったが、後にこの地に移された模様である。『新記』などにもその経緯は不明としている。

境内は桜の大木に囲まれ、ひとやま別天地の感がある。墓地は本堂の裏山にあり、集落を一望できる。檀家の高橋家墓地に四基の板碑があり、康永三年（一三四四）、延文三年（一三五八）八月、などが読み取れる。

前掲『新記』に、大谷木村の南西の山上に延文五年の五輪塔があり、結衆十六人を刻むという。また大谷木村の名主で旧家大谷木与兵衛は、鎌倉の御家人毛呂氏一族の後裔であるなど由来を記している。この地域は中世から続く集落のようだ。

本堂

◉第五番　阿波地蔵寺　（板野町）

六道の能化の地蔵大菩薩導き給えこの世後の世

康永３年・延文３年の板碑

第六番

延命寺《えんめいじ》

下川原（毛呂山町）

◉道案内
東武越生線川角駅より

鐘楼

下川原《しもがわら》の延命寺は、第五番宝福寺の丘を下り、県道186号線の三和工業前より西坂戸を経て歩く。東武越生線を利用する場合は、川角駅《かわかど》より、城西大学キャンパスに向かう県道を五分ほど行くと右に参道がある。県道に面した小堂に一体六地蔵尊が囲まれている。「文政元年（一八一八）十二月、武州入間郡下川原村」と刻む文字が、わずかに残っている。

参道は灯篭と幟旗が並び華やかにみえる。延命寺は息災山吉祥院と号し、高麗郡の聖天院末である。往古は天台宗であったが、いつの頃か新義真言宗に改宗したという。開山の僧は栄広というが、遷化の年は不明である。

境内に桜の大樹が並び、樹陰に六地蔵尊が安置されている。左に大きな鐘楼があり、銘に延宝四年（一六七六）と刻まれている。阿弥陀堂・観音堂を擁した寺域は明るい広場となって、孫の手をとる老人の散歩が、こころ温まる風情をなしている。

本堂

毎年、四月八日、桜花爛漫のもと、釈迦を祀る本堂で参拝者に甘酒を振る舞っている。

◉第六番　阿波安楽寺（上坂町）

かりの世に知行争ふ無益なり
安楽国の守護をのぞめよ

参道の一体六地蔵尊

本堂

第七番 観音寺《かんのんじ》

四日市場（坂戸市）

◉道案内
東武越生線西大家駅より

四日市場《よっかいちば》の観音寺は、第六番延命寺より東武越生線の西大家《にしおおや》駅前に出て、日高川越線を右折し、家並みの狭い道路を進むと境内に出る。本堂の裏手に越生線が通り、線路の北側に東京国際大学の校舎が見える。

四日市場村の地名は戦国時代より月ごとに四の日に市を立てたことから起こり、隣村も同様に九日市場村と称したようである。観音寺の参道前の直線二〇〇メートル道路の両端は、いまでも鉤の手に曲がり、市場集落の面影を残している。道路には白壁の土蔵をもつ旧家が並び、それを物語るようである。

観音寺は聖天院末、慶安二年、幕府より観音堂領五石の朱印地を認められている。本堂に「観音寺」と金文字で掲額され、堂前に石灯籠が一基立ち、境内の南寄りに歴代住持の墓塔が一列に並んでいる。『新記』によれば、戦国武士であった旧家小鹿野氏の先祖が、秩父郡小鹿野村より当所に移住し、大永年中（一五二一～一五二七）千手観音を本尊として、観音堂を建立したと伝えられている。

いま、境内の周囲に大きな桜が悠然と枝を張りめぐらし、春は爛漫と咲き誇るのである。

◉第七番　阿波十樂寺（土成町）

人間の八苦を早く離れなば到らん方は九品十樂

寺号掲額

歴代住持の墓塔

第八番

南蔵寺《なんぞうじ》

川角（毛呂山町）

◉道案内
東武越生線武州長瀬駅より第八～九番

南蔵寺石塔の残る八幡社

川角《かわかど》の南蔵寺は現存しない。もと南蔵寺は、越生今市の法恩寺末で金剛山地蔵院と号した。本尊は薬師如来、銅の立像で三〇センチ余り、天竺渡来の金銅仏であった。

南蔵寺は明治初年の廃仏毀釈により廃寺になり、その後、宝篋印塔などの遺物は川角小学校の校地拡張によって、川角八幡社の境内に移されたのである。

この宝篋印塔は天明八年（一七八八）正月に建立されたもので、毛呂山町の有形民俗文化財に指定されている。天明の飢饉の災厄を受けた人々への供養塔らしい。この塔は移転改修のとき塔身の内部に、宝篋印陀羅尼経・観音経・般若心経が納められていたことが判明した。

八幡社境内には、ほかに、月山・湯殿山・羽黒山霊場碑があり、清水方章の撰文である。また、毛呂山町指定文化財「芭蕉の句碑」があり、「道傍のむくげは馬に喰はれけり」と刻まれている。その他、大黒天の碑が見られる。

◉第八番　阿波熊谷寺　（土成町）

薪とり水くま谷の寺に来て
難行するも後の世のため

天明８年宝篋印塔

月山湯殿山羽黒山霊場碑

第九番

山本坊《やまもとぼう》

西戸（毛呂山町）

◉道案内
東武越生線武州長瀬駅より第八～九番

国津神神社

西戸《さいど》の山本坊は、本山派修験で聖護院門跡配下にあり、先達職・年行事職・参仕修学者などの高い僧位に補任され、武蔵・常陸・越後の三か国で十三郡の霞《かすみ》（修験僧の管轄単位）を支配する大先達であった。四代将軍徳川家綱の朱印状に、「越生郷西戸村内五十石、熊野権現社領黒山村内三石、合五十三石事、並境内山林竹木諸役等免除、任慶安元年二月二十四日先判之旨、永不可有相違者也」と記されているので、三代将軍家光時代に合計五十三石の朱印地を認められ、この地方の本山派修験の支配者として絶大の権力を有していたことがわかる。

山本坊は初め山中の黒山にあったが修験たちは次第に山岳から村に移り、いわゆる「里修験」になったようだ。文禄三年（一五九四）頃、麓の西戸村に移り住んだといわれている。以後、山本坊は徳川時代、先達となって配下の修験を統率し、村々の信仰・治療・学問など、さまざまな面で指導的役割を果たした。しか

墓塔群

寛永元年山本坊墓塔

延宝 5 年山本坊墓塔

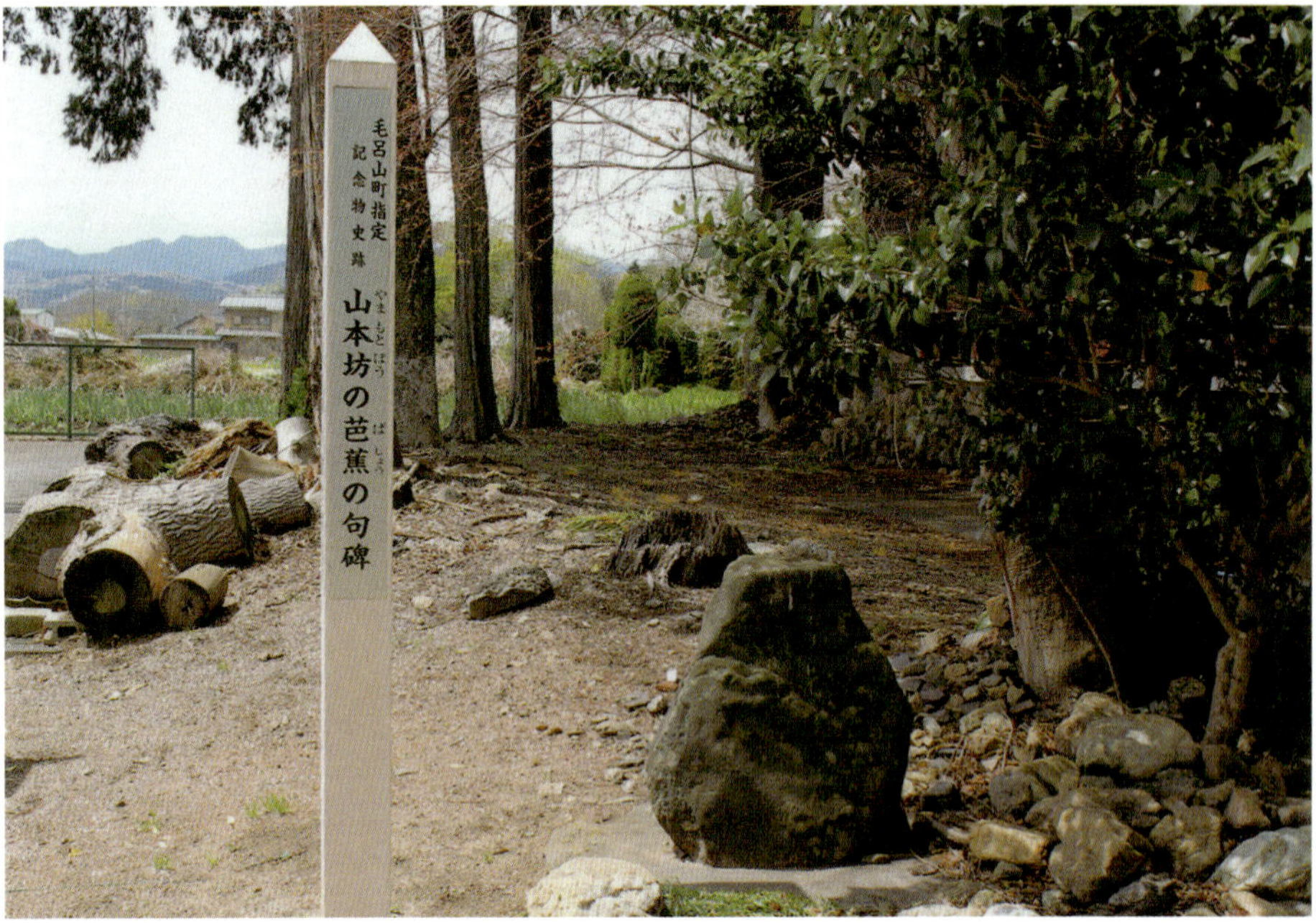

芭蕉句碑

し、明治新政府の神仏分離策によって、修験の山本坊は還俗して神官になった。中世以来本山派修験の大先達山本坊の消滅である。山本坊の史料については、宇高良哲編著の『武蔵越生山本坊文書』（東洋文化出版）がある。

山本坊遺跡は第八番南蔵寺関係遺跡の、川角八幡社より北に向かい、越辺川に架かる宮下橋を経て、西戸町民グラウンドの西方に進み県道３４３号線に出る。さらに西方の小道に入ると国津神神社が見える。かつて山本坊持ちの熊野神社だが、大正四年（一九一五）合祀して現在の神社になったのである。

社殿の前に毛呂山町指定記念物史跡「芭蕉の句碑」がある。「山さとは万歳おそしうめの花」と、大きな自然石に刻まれている。建立者は山本坊第二十五世徳栄法印である。

国津神神社と西戸公会堂を経て北に向かい、小高い朝日山の崖下、左が新興住宅、右側の杉と雑木の藪に分け入ると、墓塔が木漏れ日のなかに現れる。大きな宝篋印塔が数基ならび、その中に無縫塔《むほうとう》や墓塔が多数見られる。「山本坊十世寛永元甲子天、十一月五日、当地之開山、傳燈正大先達法印栄龍金剛位霊」・「寛文三年癸卯十月十日、権大僧都法印大先達列栄」など山

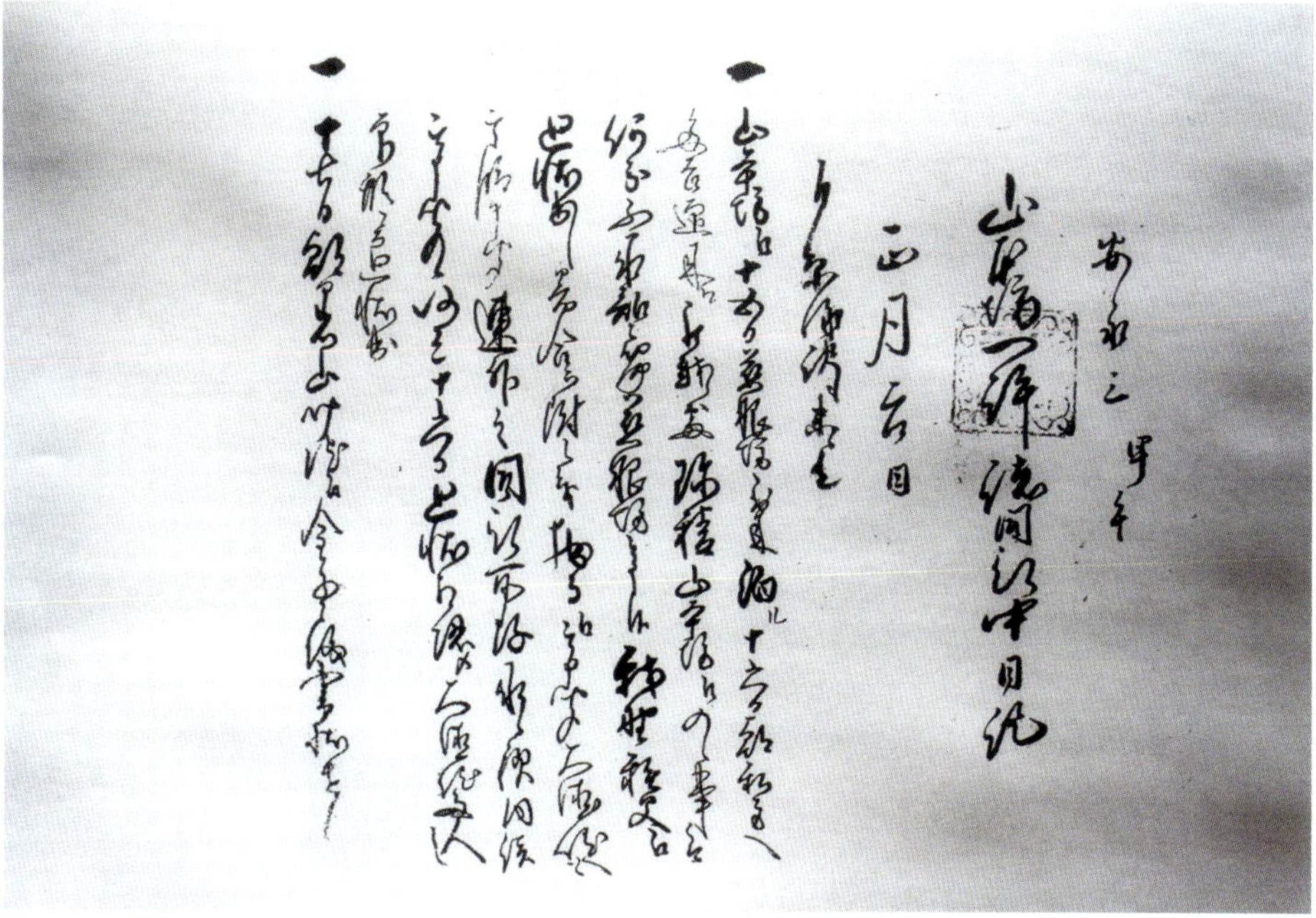

山本坊関係史料

本坊の大霊地である。周囲の一角に堀の跡もある。

なお、黒山時代の霊場は太平山の山頂に遺されている。山本坊開山権大僧都栄円和尚の応永二十年（一四一三）の逆修供養塔をはじめとして、多数の石塔群が存在する。

◉第九番　阿波法輪寺　（土成町）

大乗の誹謗もとがもひるがえし
転法輪の縁とこそきけ

宝篋印塔

第十番

龍《りゅう》台《だい》寺《じ》

和田尾崎（越生町）

◉道案内
JR八高線・東武越生線
越生駅より第十〜十六番

山門

和田《わだ》（尾崎）の龍台寺は、現越生町西和田にある。江戸時代の和田村尾崎である。第九番山本坊より越辺川を越えた対岸にある。法恩寺を背にして右から山吹橋、あるいは左から中央橋などを渡れば、北方の台地上に龍台寺が見える。越生「秋の七草めぐり」オミナエシ（女郎花）の寺だ。境内には竹木がなく、旧村の中をはしる道路から目に留まる。本堂再建の碑によると、昭和四十一年（一九六六）九月二十四日の台風で崩壊し、その後、同五十三年三月、檀家一同によって現状に復したという。

『新記』に、越生今市の法恩寺末、御嶺山不動院と号し、本尊は大日如来、開山の栄仁は応永六年（一三九九）遷化、墓石は境内に有りと記されている。古い名刹である。

山門の左に六地蔵、僧の墓に宝篋印塔があり、「寛文十三年（延宝元年・一六七三）六月」と刻まれている。墓域を巡ると、檀家の荒井家に江戸時代初期の墓

本堂

石が多く、一族墓地のようである。

◉第十番　阿波切幡寺　（市場町）

欲心をただ一筋に切幡寺

のちの世までの障りとぞなる

歴代住持の墓塔

第十一番 興禅寺《こうぜんじ》

和田（越生町）

本堂

和田《わだ》の興禅寺は、第十番龍台寺よりJR八高線の東方、県道41号東松山越生線をしばらく進むと、西和田防災倉庫が目印となる。倉庫左の小道を上がると、山際にぽつんと寂しげに立つ寺が興禅寺本堂だ。明治初年まで面積三一二〇坪の寺地であったが、現今、無住となり、その面影は薄い。

興禅寺は慶安二年（一六四九）釈迦堂領として五石の御朱印を賜っている。興禅寺の山号は石樹山常住院、第三番越生上野の医王寺末で、開山は栄龍、応永三十年（一四二三）遷化という。

境内に上がれば本堂前の百日紅の大木が古刹を彷彿とさせる。左の山中に宝篋印塔が一基、当山開基法印栄龍のために、第二十二世法印宥信が、明和四年（一七六七）二月吉日に建立した塔である。

境内西方に中世の板碑が三基並び立っている。越生町の指定文化財として詳細な解説が記されている。中央の板碑は金剛界大日如来、「建武改元甲戌七月十五

◉道案内
JR八高線・東武越生線
越生駅より第十〜十六番

本堂前庭園

日」（一三三四）とあり、鎌倉幕府が滅亡し、建武の新政が開始されたことを意識した刻字であろう。板碑の多くは北朝年号であるから、南朝年号の例は珍しい。左右の二基は正安二年（一三〇〇）である。

同寺の墓域は西方の山腹にあり、檀家の川口家、その他の墓塔は、ほぼ寛文期（一六六一〜）以降の建立であり、この地方の寺に建てられている農民の墓塔と同じ傾向である。

◉第十一番　阿波藤井寺（鴨島町）

色も香も無非中道の藤井寺
真如の浪のたゝぬ日もなし

明和４年宝篋印塔

第十二番

見《けん》正《しょう》寺《じ》

成瀬（越生町）

◉道案内
JR八高線・東武越生線
越生駅より第十〜十六番

山門

成瀬《なるせ》の見正寺は、第十一番興禅寺より西方の県道30号線に出てしばらく歩き、平沼医院先の十字路を左折し成瀬に向かうと、前方に小高い弘法山の麓、里山を背負って山門・本堂が見える。見正寺は昔、弘法山にある諏訪神社の別当といわれていた。上野村の第三番医王寺末、能満山と号し本尊は聖観音像である。

山門の右に大きな自然石に刻まれた、寛政二年（一七九〇）、馬頭観世音石がある。成瀬村講中が建てたものだ。境内左の六地蔵は立派な覆い屋に守られて美しい。その傍らに大宝篋印塔がある。「明和元年（一七六四）当山十六世法印隆真謹言」と刻まれている。本堂左に蓬莱池が清水を湛《たた》えて静寂。代々住僧の無縫塔の背後に、檀家の墓塔が見える。

なお、同寺の奥ノ院は村内の妙見寺である。

◉第十二番　阿波焼山寺　（神山町）

後の世を思えば苦行焼山寺
死出や三途の難所ありとも

本堂と明和元年宝篋印塔

寛政２年馬頭観世音

第十三番

高蔵寺《こうぞうじ》

津久根（越生町）

◉道案内
JR八高線・東武越生線
越生駅より第十〜十六番

入り口

津久根《つくね》の高蔵寺は、第十二番見正寺の南方、越辺川の八幡橋を渡り、県道61号越生長沢線を右折すると、山沿いの崖下にある。ここは遊歩道で有名な、越生梅林入り口より夫婦通りを行く道だ。

津久根集会場脇の入り口にある、「入比坂東三十三か所観音札所、二十六番如意山高蔵寺」という木札が目印になる。階段を上がると、何ひとつ遮る影もない境内に本堂がひとつ建っている。『新記』に当寺は、越生堂山の最勝寺末、如意山地蔵院と号す。開山頼慶、天正元年（一五七三）遷化と見えるので、中世に発して、戦国期に村の成長とともに中興されたのであろう。

「高蔵寺本堂勢至堂再建記念碑」によれば、天保年間、堂山村の最勝寺住持海慧和尚の努力により、本堂兼庫裡と勢至堂を建立。その後、檀家は萱葺き屋根を瓦に葺きかえるなど、維持に努めたが老朽化したため、平成元年、両堂新築、落慶をむかえたという。

本堂左に大小八基の板碑があり、徳治二年丁未

（一三〇七）・延慶三年（一三一〇）結衆敬白と刻む板碑は大型である。境内背後の崖上に稲荷社と無縫塔五基がある。その一基に明和三年（一七六六）二月、権大僧都贈法印覺邇本下座位と刻まれている。また、延享二年（一七四五）法華経壱千部の成就塔があり、法印周通敬白と見えるので法華経一千部転読し、修行に励んだ法印周通の記念塔である。

本堂

◉第十三番　阿波大日寺（徳島市）

阿波の国一の宮とやゆふだすき
かけて頼めやこの世後の世

徳治２年・延慶３年などの板碑

第十四番

大《だい》泉《せん》院《いん》

小杉（越生町）

梅園神社境内

小杉《こすぎ》大泉院の旧跡は、第十三番津久根の高蔵寺より県道61号線に出て、中津久根より越生梅林入口に向かい、道路が大きく曲がった崖上に鎮座する現梅園神社である。崖下は越辺川の上流である。清流を配した社地から、前方に浮かぶ山なみの景観はみごとである。社は県道に面した大鳥居と、赤い太鼓橋の奥に巨木に守られるように存在する。

大泉院は第九番西戸の山本坊に属し、小杉天神社の別当であった。同社には南北朝時代の観応元年（一三五〇）より江戸時代の嘉永五年（一八五二）までの五百年間、社殿の建築・修理などを行った棟札が、二十八枚も残されている（越生町指定文化財）。古い神社でしかも、棟札に願主や工匠など記録され貴重な遺品だ。棟札によれば本殿は享保元年（一七一六）の建築である。

大泉院は明治維新の神仏分離策によって消え、明治四十年（一九〇七）小杉の天神社、堂山の近戸神社、

◉道案内
ＪＲ八高線・東武越生線越生駅より第十～十六番

上谷の三島神社、ほか若干の祠社を合祀して梅園神社と称したのである。

参詣して拝殿の格子扉より内を拝見すると、江戸時代に東都（江戸）の五英という人物が「天満宮」という掲額を奉納し、今日まで拝殿に遺されている。かつて天神社であり、大泉院が別当であった頃の遺品である。

本殿の背後は岩石の断崖で鬱蒼たる古木に覆われている。

◉第十四番　阿波常楽寺（徳島市）

常楽の岸にはいつか到らまし
弘誓の船に乗り遅れずば

拝殿内の掲額

梅園神社参道

拝殿前の巨大な神木

第十五番

最勝寺《さいしょうじ》

堂山（越生町）

本堂

◉道案内
JR八高線・東武越生線
越生駅より第十〜十六番

堂山《どうやま》の最勝寺は、第十三番高蔵寺より越生梅林の中を左に行くと、真言宗智山派青龍山最勝寺と刻まれた大きな門柱がある。その奥に並び立つのは聖徳皇太子の碑である。

山門を入ると自然石に刻まれた一石六体地蔵尊がある。これは昔の道標で「堂山村あまてら道」と刻まれ、境内の古い六地蔵は、真っ赤な頭巾と涎《よだれ》掛《か》けが奉納されて、覆い屋を明るくしている。

美しい本堂は大正十年（一九二一）、堂山村の檀家の努力により再建され、その経緯を法恩寺五十一世が記している。門の右には鐘楼があり古鐘を架け、白壁の土蔵とともに、寺域の一角を格調高く彩っている。

本堂左の池に映る小さな古松は、蒼然《そうぜん》として時を超え、辺りを睥睨《へいげい》する感がある。

堂山村は往古、大伽藍の存在から地名が起こった、といわれている。元禄元年の鐘銘に、越生郷堂山大御堂最勝寺は、建久四年（一一九三）、源頼朝の時代に

山門

一石六体地蔵尊

開基したとみえ、慶安二年（一六四九）、釈迦堂領として、七石八斗の御朱印地を認められたという。

『新記』によれば、寺宝として伝えられた大般若経四箱には、建長二年（一二五〇）・康安二年（一三六二）・貞治三年（一三六四）など、多数の奥書が認められ、当寺の名刹ぶりを伝えている。

◉第十五番　阿波国分寺（徳島市）

薄く濃くわけわけ色を染めぬれば
流転生死の秋のもみじ葉

第十六番

仏心院《ぶっしんいん》

龍ヶ谷（越生町）

◉道案内
ＪＲ八高線・東武越生線
越生駅より第十～十六番

本坊常楽院

龍ヶ谷《たつがや》への道は第十五番堂山の最勝寺より南方の梅園小学校前に出て、県道61号線を南下し、上大満より右折し、龍ヶ谷渓谷に沿って長い山道を登ると、右に龍穏寺の大きな山門が現れる。徳川幕府より朱印地百石を与えられた、深山の大寺に圧倒される。武蔵・下総・下野に各一か寺に認められた、曹洞宗の僧禄司という寺院の立場がわかるようだ。

龍穏寺に接して熊野神社の立派な社殿があり、真言宗修験道の仏心院も同所の近くにあったといわれているが、険しい山地のため遺跡を特定することができない。

龍ヶ谷の地は東に大満、西は秩父郡高山、南は黒山、北は比企郡麦原・椚など、山々に囲まれ、尾根道がわずかに交通できるという地域で、とくに秩父郡高山へは馬も歩けない細道だった。

この高山と龍ヶ谷は信仰の関係から強く結ばれていた。『新記』によれば龍穏寺の奥院《おくのいん》は高山不動である。法恩寺の定めた八十八霊場の仏心院の奥院は、高山不動の別当、京都醍醐三宝院末の常楽院だった。同院の木造軍荼利《ぐんだり》明王立像は平安仏として重要文化財指定、絹本着色不動明王画像は県指定文化財だ。

高山不動尊

急勾配の石階を一歩一歩上がると、大きな伽藍が歩幅ごとに目に入る。この感激は鎖で支えるからだが震えるようだ。階下には巨大な銀杏が六百年の影をおとしている。

銀杏のかたわらの広場では毎年、古式を守る修験道の火渡りの行事が続けられ集う人も多い。

奥武蔵の山塊の一角、仏心院の奥院より尾根をたどり、谷を越えて第十七番の多武峰慈眼坊へ二里余の道のりは、八十八霊場最大の難所だったようだ。

●第十六番　阿波観音寺（徳島市）

忘れずも導き給え観音寺西方世界弥陀の浄土へ

樹齢 600 年の銀杏

第十七番

慈《じ》眼《げん》坊《ぼう》

多武峰（ときがわ町）

◉道案内
JR八高線明覚駅より

多武峰山上の多武峰神社

多武峰《とうのみね》の慈眼坊は本山修験福聚寺の号である。観音堂領として慶安二年（一六四九）、御朱印五石を安堵されていたが、廃仏毀釈によって、明治二年（一八六九）、廃寺となった。しかし、山頂の多武峰神社は、武藤家が代々宮司を受け継いでいる。

多武峰はJR八高線の明覚《みょうかく》駅より県道172号大野東松山線を西に向かい、西平で慈光寺方面と分かれ、さらに同号線を左折し、多武峰入口より都幾川橋を渡り氷川の上流に向かう。谷沿いの坂道は中井より西川原を経て右に折れ、いろは坂のようだ。「自動車通行禁止」の文字をみると、上がってきた標高を感じる一瞬だ。

道端に小池があり、畔の自然石に「行水所」と刻まれている。傍らの急坂を上がると、大きな塀に囲まれた武藤家が現れる。同家は住まいの奥が十七世紀に建てられた護摩堂で、修験時代の史跡である。屋敷の東部、白壁の大きな土蔵からやや下がった斜面

多武峰板碑群屋桁にのこる「武州新四国八十八ヵ所霊場」板書

に、多武峰板碑群三十一基がある。覆屋を設けて安置され、文化財保存の配慮が尽くされている。正和六年（一三一七）より永禄十一年（一五六八）の年号が読み取れ、中には文安二年（一四四五）の十三仏板碑や長禄五年（一四六一）の六観音・六地蔵図像などの貴重な板碑が見られる。

覆い屋の桁に「武州新四国八十八カ所霊場」という大きな板書が掛けられ、第一番より第八十八番の地名・寺名、各々奥院まで記した、百枚余の立派な板書が存在する。

札所中の最奥山の慈眼坊に上り、幻を解く唯一の史料を確認した歓喜の一瞬である。まさに、多武峰は現在も清い信仰の山である。

武藤家秘蔵の町指定文化財「紙本着色墨書役行者絵巻」・「天文五年の鰐口」・「護摩堂の木造観音菩薩像」（非公開）などの説明を受け、谷を越えて多武峰へ登る。右手に屏風岩のような岩盤が屹立し、南面は三三〇メートルの絶壁だ。鳥居を拝し、細い尾根道を修験が籠り修行した岩穴を見ながら登ると、頂上の近く、瓦を土留めに用いた階段には鎖が添えてあった。

狭い山上の覆堂のなかに多武峰神社が鎮座する。慶雲三年（七〇六）、藤原鎌足の遺髪を大和国多武峰よ

武藤家塀

り遷して祀り、その後、福聚寺観音堂が建立され、幾多の変遷を経て、明治二年（一八六九）廃仏毀釈によって多武峰神社と改称された。現在の社は、明治四十年（一九〇七）の山火事によって焼失の後、大正十五年（一九二六）に再建されたという。

社殿の背後に小山があり、文亀四年（一五〇四）の五輪塔が建っている。傍らに「多武峰瓦塔遺跡」と刻む石柱があり、県指定の史跡だ。これは、大正十三年（一九二四）、社殿の北西の塚から、九世紀頃と推定される瓦塔の破片、その下部から、須恵器の蔵骨器が出土するなど、東日本の重要な古代遺跡である。戦後、昭和三十二年、石村喜英氏の「多武峰の瓦塔遺跡」（『史跡と美術』二七の三）によって、ひろく知られるようになった。

◉第十七番　阿波井戸寺（徳島市）

おもかげをうつして見れば井戸の水
むすべば胸の垢や落ちなむ

多武峰山上の文亀４年五輪塔

武藤家石垣

行水所跡

本堂

第十八番 慈《じ》光《こう》寺《じ》

西平（ときがわ町）

◉道案内
JR八高線明覚駅より

坂東九番の慈光寺は、明覚駅より県道172号線を西平《にしだいら》まで約四キロの道程だ。さらに、右へ慈光寺道を二キロほど登ると本堂に至る。なお、ときがわ町路線バスの「慈光寺入り口」より、都幾山（慈光山）を登り、女人堂を経由して参拝する。

慈光寺は都幾山一乗法華院と号し天台宗、本尊は十一面千手千眼観音。当寺は天武天皇十二年（六八三）、慈訓が開いた観音霊場で、開基は宝亀年間（七七〇～七八〇）、鑑真和尚の弟子道忠によってなされたという。貞観十三年（八七一）三月には、前上野国権大目従六位下の安倍小水麿の書写した、紙本墨書大般若経（国指定重要文化財）が奉納され、東国における仏教信仰の拠点となった。

慈光寺の代表的宝物、「法華経一品経二九巻・無量義経・観普賢経・阿弥陀経・般若心経の計三十三巻と文永七年の筆者目録」は、国宝に指定されている。この美麗な経典は筆者目録によれば後鳥羽天皇、中宮宜

観音堂

秋門院をはじめ、関白藤原（九条）兼実の一門、門跡、公家などによる書写奉納だ。その他、国指定重文に寛元三年（一二四五）在銘の銅鐘、金銅密教法具、木造宝塔の開山塔などがある。なお、木造宝冠阿弥陀如来坐像・木造聖僧文殊坐像・徳川家康や天海僧正の画像などは県指定文化財である。慈光寺が東国筆頭の天台仏教の拠点であったことを示している。

徳川家康の関東入国により天正十九年（一五九一）十一月、朱印地高百石を安堵され、寺領内に二十八坊を擁していた。昭和末期に釈迦堂・蔵王堂・鐘楼など焼失の災厄に遭遇したが、危機を乗り越え歴史的な法灯を守っている。

女人堂より参拝の登りは本堂まで三十分、参道脇に県指定文化財の青石板碑が並び立っている。廃仏毀釈までは坊にあり、各僧の追善供養や逆修供養の造立だった。弘安七年（一二八四）より寛正五年（一四六四）まで九基、弘安の碑には諸行無常是生滅法という偈が刻まれている。

釈迦堂跡の右手に見える覆屋は中に開山塔がある。塔の下から解体修理中、須恵器の蔵骨器が出土している（県指定）。鐘楼を見ながら登ると石段になる。「般若心経の道」だ。心経の名筆をえらび、堂まで八基建て、経典の教えと書の薀蓄を学ぶことができる。

　道は山門の前に続き、江戸後期建立の四脚門を潜ると本堂唐破風の玄関である。山門のなかに六地蔵尊が並ぶ。天明六年（一七八六）と刻まれている。西平の村人が、天明二年から七年にかけての大飢饉を乗り切るために、祈願をこめて造立したものだ。

山門

　山内に影をおとす大樹は千年の星霜に耐えた県指定の多羅葉樹《たらようじゅ》。西に宝物殿があり慈光寺の名宝を展示している。さらに登ると般若心経堂、続いて一〇〇メートルほどの坂道の奥に観音堂が壮大な姿を現す。現在の堂は文化七年（一八一〇）に再建したもの。本尊の木造千手観音立像（県指定）は秘仏で、毎年四月第二日曜日が御開帳となっているので拝観できる。

　観音堂の前に大きな宝篋印塔が建つ。塔身に「越後国蒲原郡見附村総持寺弟子、真言沙門教順、安永六年（一七七七）、施主之村々、明覚・大野・雲瓦・平村・増尾・大塚・小川・下里・大門澤・坂本・御堂・安戸・腰塚・古寺・日影・五明」と見える。

　慈光寺山内は著我《しゃが》（アヤメ科の多年草）の群生地として知られている。五月初旬が見頃である。

　むかし、山内各所にあった多数の僧坊や井戸跡の札を見ながら坂道を下ると、釈迦堂跡近くの霊園に、アララギ派の巨匠土屋文明の墓と歌碑がある。

「亡き後を言ふにあらねど比企の郡　槻の丘には待つ者が有る　文明」吉田鷹村の書である。

◉第十八番　阿波恩山寺（小松島市）

　子を産めるその父母の恩山寺
　訪ひがたきことはあらじな

弘安７年より寛正５年までの板碑群

本堂前の多羅葉樹

安永６年宝篋印塔

第十九番

長勝寺《ちょうしょうじ》

日影（ときがわ町）

◉道案内
JR八高線明覚駅より

日影神社

日影《ひかげ》の長勝寺は、江戸時代比企郡日影村にあり、第十五番の越生町堂山の最勝寺末、日影山と号した。日影村は戸数九十戸余り、「地形は四方を山に囲まれ、林木叢生せる中に村落をなし」村名が出来上がったと『新記』に記されている。日影村には日蓮宗の東光寺（御朱印三石）、曹洞宗の真光寺（御朱印五石二斗）、その他天台宗の大泉寺、同泉蔵寺などがあり、長勝寺は檀家も少なかったのであろうか。

県道30号線を日影信号より左折し、日影公民館と日影神社の中ほどの北斜面の山中に、古い墓地跡がある。地域の古老はこのあたりであろうかと話されたが、確証はない。

◉第十九番　阿波立江寺（小松島市）

いつかきて西の住居のわが立江
弘誓の舩に乗りて到らん

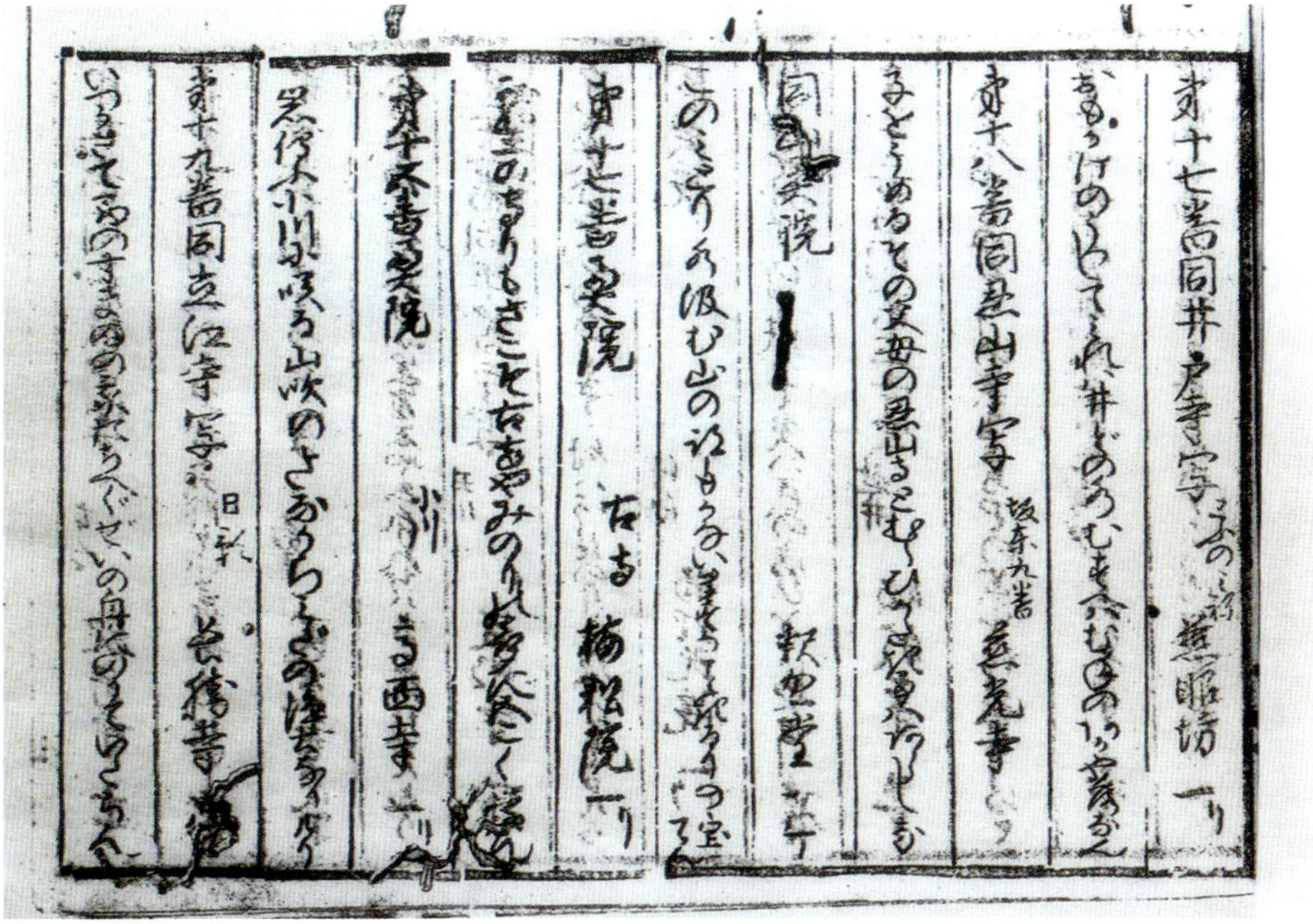

印施新四国遍路御詠歌

長勝寺廃寺跡はこのあたりか？

同所の石灯籠

第二十番

観音寺《かんのんじ》

本郷（ときがわ町）

◉道案内
JR八高線明覚駅より

墓塔群

本郷《ほんごう》の観音寺は、明覚駅前より県道１７２号大野東松山線を西に進み、ときがわ町第二庁舎十字路を右折、本田橋を渡ると右方向にある。別の行き方は明覚駅前の県道１７２号線を越えて西方に進み、川北橋から二キロ行く方法もある。道路の左右に点々と残る墓群、水田の端の墓などを目安にして、北側の森に目を移すと寺院の赤い屋根が見える。現在無住の観音寺である。

観音寺の開山は増智、寂年は不詳。近世を迎え、元和年間（一六一五〜一六二三）、弘栄の中興ともいわれている。鈴宮山開敷院と号し法恩寺末寺である。江戸時代中頃より寺子屋が開かれ、明治の初めに明覚小学校が置かれるまで、村の教育の中心であった。

「日向ぼっこの観音寺」といわれ、村民から親愛されていた。いまは無住のため玉川郷の光明寺（六〇頁）が兼任している。檀家により整備された寺内から、遥か下方に広がる大水田、その彼方の富士のような都幾山の連峰を見ると、息の止まるような展望である。

観音寺遠景

◉第二十番　阿波鶴林寺（勝浦町）

しげりつる鶴の林をしるべにて
大師ぞいます地蔵帝釈

墓域整備・庫裡新築記念碑

第二十一番

医《い》光《こう》寺《じ》跡

番匠（ときがわ町）

◉道案内
JR八高線明覚駅より

墓地の石塔群

番匠《ばんしょう》の医光寺跡を、元都幾川村役場で村誌編纂や文化財を担当された岡野吉男氏の御教示により探索する。明覚駅前より県道172号線を北に向かい、明覚駅入り口の標識を左折、五〇〇メートル進行し、右側の小道を一〇〇メートルほど行くと、都幾川の清流に架かる細い板橋があり、その前方の雑木林の中に寺跡があった。雑木林の際に古い墓地があり、さらに奥の山林に、一群の崩れるような墓塔が見えた。

寺跡の溝や荒れた蓬莱池も存在する。林の斜面に十五基ほど残る墓塔は、室町期の板碑を除き、江戸期の修験の法名が刻まれ、大半が権僧都である。東の宝篋印塔は中興開山かと推定の「承応四年（一六五五）八月五日　権大僧都法印常秀」。西の宝篋印塔は「寛文十一年（一六七一）辛亥五月二十八日　権大僧都栄秀和尚位」と刻まれている。

このあたりは、木々の蔭に静かに眠る修験僧と、番匠村の住民の忘れられた交流を物語る一隅である。

寛文11年宝篋印塔とその台座（右）

◉第二十一番　阿波大龍寺（阿南市）

大龍の常にすむぞやげに岩屋
捨身聞持は守護のためなり

法印亮啓墓石

第二十二番

光明寺《こうみょうじ》

玉川（ときがわ町）

◉道案内
JR八高線明覚駅より

本堂

玉川《たまがわ》郷の光明寺は明覚駅より大野東松山線を越えて直進し、都幾川を渡る。右手に愛宕山を見ながら本郷十字路を右折し、愛宕山の峰続きを越え、県道171号ときがわ坂戸線に出る。十王堂前を右折し東に進むと、わずかにして平松の光明寺入り口に達する。道路右側にある光明寺の高い石柱を経て、約一〇〇メートルの急坂を上ると、観音堂と本堂が現れる。境内は覆いかぶさるような馬蹄形の山に囲まれている。

急勾配の山は美しい木々で構成された庭園でもあり、その妙は関東地方にはみられない世界である。光明寺の、桜・葉桜・躑躅、そして紅葉へと続く、自然の移ろいを知る人の少ないのが残念である。急勾配の山の保全に、檀家の人々は手入れを惜しまず、毎年三月末には山焼きをして、寺域を整備している。本堂の裏手には長い歴史を見つめた楠の大木がある。

当寺は法恩寺末で音無山と号し、開山は栄道でその年月は不詳。当寺の所蔵する天正十八年（一五九〇）

観音堂

五月、前田利家の出した禁制は町指定文化財である。

◉第二十二番　阿波平等寺（阿南市）

平等にへだてのなきと聞く時は
あら頼もしき仏とぞみる

南無遍照金剛石仏

第二十三番

満願寺《まんがんじ》

熊井（鳩山町）

◉道案内
JR八高線・東武越生線越生駅より第二十三〜二十五番

本堂

熊井《くまい》の満願寺は越生駅を東に出て山吹大橋より飯能寄居線を西北に進み越生高校北で県道41号東松山越生線を北に、黒石神社の前十字路を右折すると、左方の段丘上に堂宇の屋根が現れる。左手より上ると、軟岩壁を背にして本堂が南面している。眼下には豊かな谷《や》津田《つだ》を見渡すことができる。

江戸時代の巡礼は第二十二番光明寺から現玉川小学校方面に出て東に進み、ひと市《いち》の十字路より南下し、旧泉井村・高野倉村より第二十三番熊井の満願寺へと歩いたのであろう。

満願寺の境内には大銀杏・老杉が各一本聳え立ち、本堂の前には百日紅の老樹が横たわっている。開山承海は天文五年（一五三六）十一月寂せりという。山号を東光山薬王院と称し、本尊は薬師、慶安二年（一六四九）薬師堂領として六石の御朱印を受けている。

本堂の西に大きな宝篋印塔が建ち、寛政五年（一七九三）九月、塔を寄進した施主根岸茂平次の帰依を、東光山現住法印英賢が記している。

満願寺へ上る斜面に上熊井村諸家の墓塔がみられる。歴代住持の墓域後部の檀家墓地に板碑が数基遺されている。また東端の根岸家墓地に、嘉永三年（一八五〇）三月、寺子屋に学んだ門弟すなわち、筆学素読門弟中建立と刻む、松山宇独遊真仙逸士の笠塔婆型の墓碑がある。筆子・門弟の教育に携わった人物の塔である。

満願寺へ上る道路端に大型の庚申供養塔がある。元禄十五年（一七〇二）に根岸氏の建立した塔で、台座に三猿が彫刻されている。また左に天保十年（一八三九）根岸惣左衛門願主の「月山出羽三山四国西国秩父坂東観世音供養塔」がある。題字は江戸において書道で著名だった僧龍眠の筆になるものである。同所に並び立つ巨大な三界万霊碑は、碑背に「於高野山善光寺焚香開眼永代長月修追福吐仏道本」とあり、根岸惣左衛門の供養を賞して、浅草雄徳山大護院の第二十世七十八翁楽庵道本が、弘化二年（一八四五）八月四日に記したものである。

第二十二番玉川の光明寺より、第二十三番熊井の満願寺への道中に泉井村がある。同村の名主岡田氏は多数の日記帳を遺している。記事のなかに、霊場への巡礼は白装束に身をかため、南無遍照金剛と唱え、グループで急ぎ通過して行くと書き留めている。

◉第二十三番　阿波薬王寺（日和佐町）

皆人の病みぬる年の薬王寺
瑠璃の薬をあたえましませ

四国巡礼では第二十三番阿波薬王寺より第二十四番土佐最御崎寺、俗に東寺と呼ばれているが、この間、二十一里もあり仆れる人が多かったという。

弘化２年
浅草大護院道本の三界万霊碑

寛政５年宝篋印塔

第二十四番

真光寺《しんこうじ》

大豆戸（鳩山町）

◉道案内
ＪＲ八高線・東武越生線越生駅より第二十三～二十五番

本堂

大豆戸《まめど》の真光寺は、坂戸より県道171号玉川坂戸線を、苦林《にがはやし》から越辺川を渡り今宿より左に進み、大豆戸への左折表示にしたがえば、下方の水田越しに満願寺が見える。

第二十三番満願寺からの道は県道41号東松山越生線に出て、鳩川を渡り茂呂神社より東方の水田地帯を越えると南の丘陵に三島神社の鳥居が見える。鳥居から神社までの直線道路は昔の流鏑馬道だ。流鏑馬行事は文政十年（一八二七）村方出入りの後に廃絶し、現在、桜並木になっている。

真光寺裏の境内は三島神社の参道に接し、周囲は竹林に囲まれている。慶安二年（一六四九）朱印状は「三嶋明神社領　別当真光寺　武蔵国比企郡大豆戸村真光寺三嶋明神社領同村之内拾弐石事」とあり、三嶋神社の別当が真光寺であった。参道は南方にあり、広大な水田耕地から一直線に山門・本堂へと連なっている。

真光寺は西明山法輪院と号し越生今市の法恩寺末。

山門

本堂前の宝篋印塔

本尊は大日如来、弘法大師真筆の不動画像一軸を遺していたと伝えている。

応永元年（一三九四）僧円心開基創建という。その後、寛永二年（一六二五）三月、中興開基の法印良空（天和三年遷化）が伽藍を建て、延享元年（一七四四）十一月、第六世（開基円心より十九代）法印尊応の時代に再建されたのである。

真光寺住僧の墓を見ると、権大僧都法印増賢の天和三年（一六八三）七月遷化の無縫塔、権大僧都法印重秀の宝永七年（一七一〇）五月の無縫塔、正徳三年（一七一三）十二月の墓碑、享保元年（一七一六）

本堂横の墓塔群

十一月の無縫塔、享保十二年（一七二七）四月の無縫塔、寛延二年（一七四九）七月の無縫塔など（以下略）、代々の墓塔が整然と残り、村人の信仰によって維持された様子がうかがわれる。

明治維新の廃仏毀釈により真光寺の寺宝も散佚《さんいつ》し、十二天画像のうち、現在町文化財に指定されている水天画像のみ残されている。十二天画像とはほかに帝釈天・火天・閻魔天・羅刹天・風天・多聞天・梵天・地天・日天・月天・伊舎那天であるが、このうち水天画像は、江戸時代より雨乞い祈願の本尊として、村民生活に不可欠であったから守られ、残されたのであろう。

本堂前の紅葉《もみじ》の下に宝篋印塔や五輪塔、その他がみられる。碑面は剝落しているが南北朝より室町期の石塔である。本堂左の墓地には宮崎家を中心に、村の旧家の墓石が並んでいる。なかには古い宝篋印塔もある。大きな墓石を見ると、元文二年（一七三七）蓮乗院真宝光見沙弥　施主宮崎七郎右衛門、常照院理空円智沙弥礼霊　施主宮崎柳七・同七兵衛という墓石がある。宮崎家は鋳物師として知られている。

◉第二十四番　土佐最御崎寺（室戸市）

明星の出でぬる方の東寺
暗き迷いはなどかあらじな

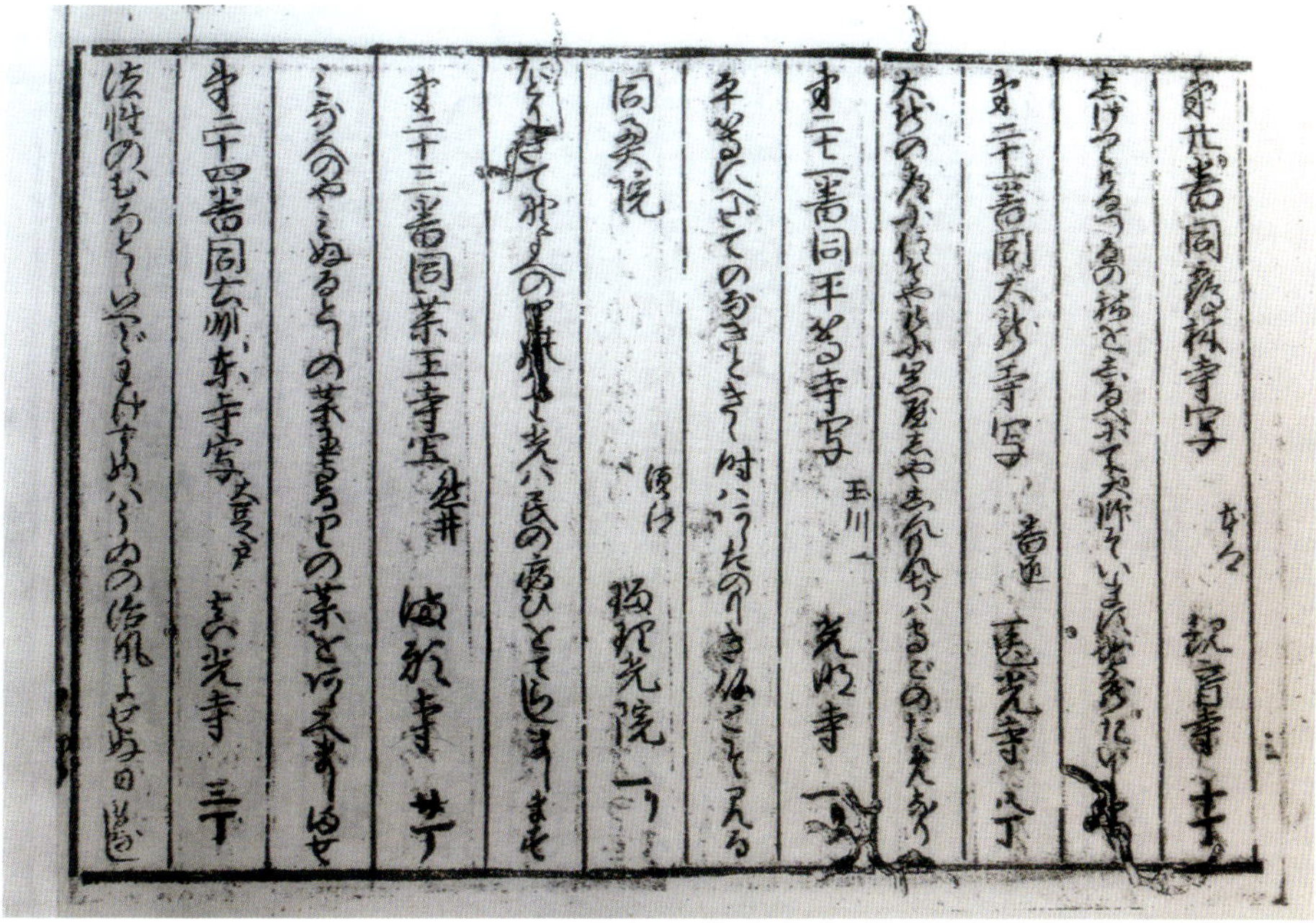

印施新四国遍路御詠歌

地蔵尊像

本堂

第二十五番

興長寺《こうちょうじ》

小用（鳩山町）

小用《こよう》の興長寺は、第二十四番大豆戸の真光寺より南方にある。県道171号ときがわ坂戸線と県道343号岩殿岩井線の今宿交差点を南に下ると山門が見える。越生今市の法恩寺末、延命山奥野院興長寺である。

寺伝によれば鎌倉幕府の御家人、越生家行の創建であったが、正平年間（一四世紀半ば）、苦林野合戦で焼失、文禄二年（一五九三）に再建され、翌年、栄円大和尚が本尊阿弥陀を造立し、同三年入寂した。

山門を入ると、正面に昭和改修の本堂と庫裡がまとまっている。新しい灯篭が左右に立ち、よく整った寺域である。近接してゲートボール場もあり、地域の人々から愛護されている。山門入り口に、寺伝および本堂など新改修の経緯が刻まれ、親しみが湧く。

興長寺の半鐘は鳩山町の文化財に指定されている。同寺に立てられた説明板によれば、この半鐘に「享保十八、作者清水武左衛門」の銘があり、鳩山の大豆戸に住む鋳物師の鋳造である。そして同じ銘の半鐘が、

◉道案内
JR八高線・東武越生線越生駅より第二十三～二十五番

観音堂

宝篋印塔

坂戸市大栄寺・鳩山町休山寺・秩父市常林寺・ときがわ町慈光寺・嵐山町平沢寺に、それぞれ遺されていると解説されている。

本堂左の住僧墓域に宝篋印塔があり、安永三年（一七七四）の年号がある。

◉第二十五番　土佐津照寺（室戸市）

法の船入るか出るかこの津寺
迷う我が身をのせてたまえや

第二十六番

大榮寺

厚川（坂戸市）

本堂

厚川《あつがわ》の大榮寺は、一本松駅前より県道74号日高川島線に出て東に二〇〇メートル進み、ガソリンスタンド脇を左に歩むと、大きな本堂が目に入る。大榮寺は坂戸市石井の大智寺末。開山は智存で、寂年など詳らかでない。その後の法流開山は覚栄といい、明和九年（安永元年・一七七二）遷化という。

参道を進むと山門をはじめとして、新装整備された寺域が軽快に迎えてくれる。住職志村巧人師の情熱が参詣者の心を打つのである。

本堂左に星霜をかさねた薬師堂があり、祈祷殿となって護摩修法がおこなわれている。本堂回廊に架かる銅鐘は、延享五年（一七四八）鳩山町の小用鋳物師の作で「上小用清水武左衛門清長」の銘がある。武州比企郡金谷村の僧が願主となり、大榮寺の檀家、厚川村、中・上・下新田、広谷村などの喜捨《きしゃ》により奉納された見事な文化財である。

本堂の前に第十一世良詮の墓誌がある。良詮は江戸

◉道案内
東武東上線一本松駅より
第二十六～二十八番

で林大学頭に師事し学業を修め、その後、坂戸市鹿山の泉乗寺を経て大栄寺の住職になり、寺子屋において村内の子弟を教育した。門弟・筆子は師の顕彰碑を建て後世に伝えたのである。

大榮寺は山内に七福神を祀るので、参詣者は一巡し幸福を授かることができる。

山門前の墓に、大榮寺開基を勧めた鹿山家・大野家・高篠家などの古い墓石が並び立っている。

寺号掲額

むかしの札所巡りは、第二十五番小用の興長寺より南に向かい今宿・苦林・川角・欠ノ上を経て厚川へと歩いたのであろう。この道筋の距離は長い。続いて、大榮寺より東進すれば、浅羽村の長久寺へと通じる。

◉第二十六番　土佐金剛頂寺（室戸市）

往生に望みをかくる極楽は
月のかたむく西寺の空

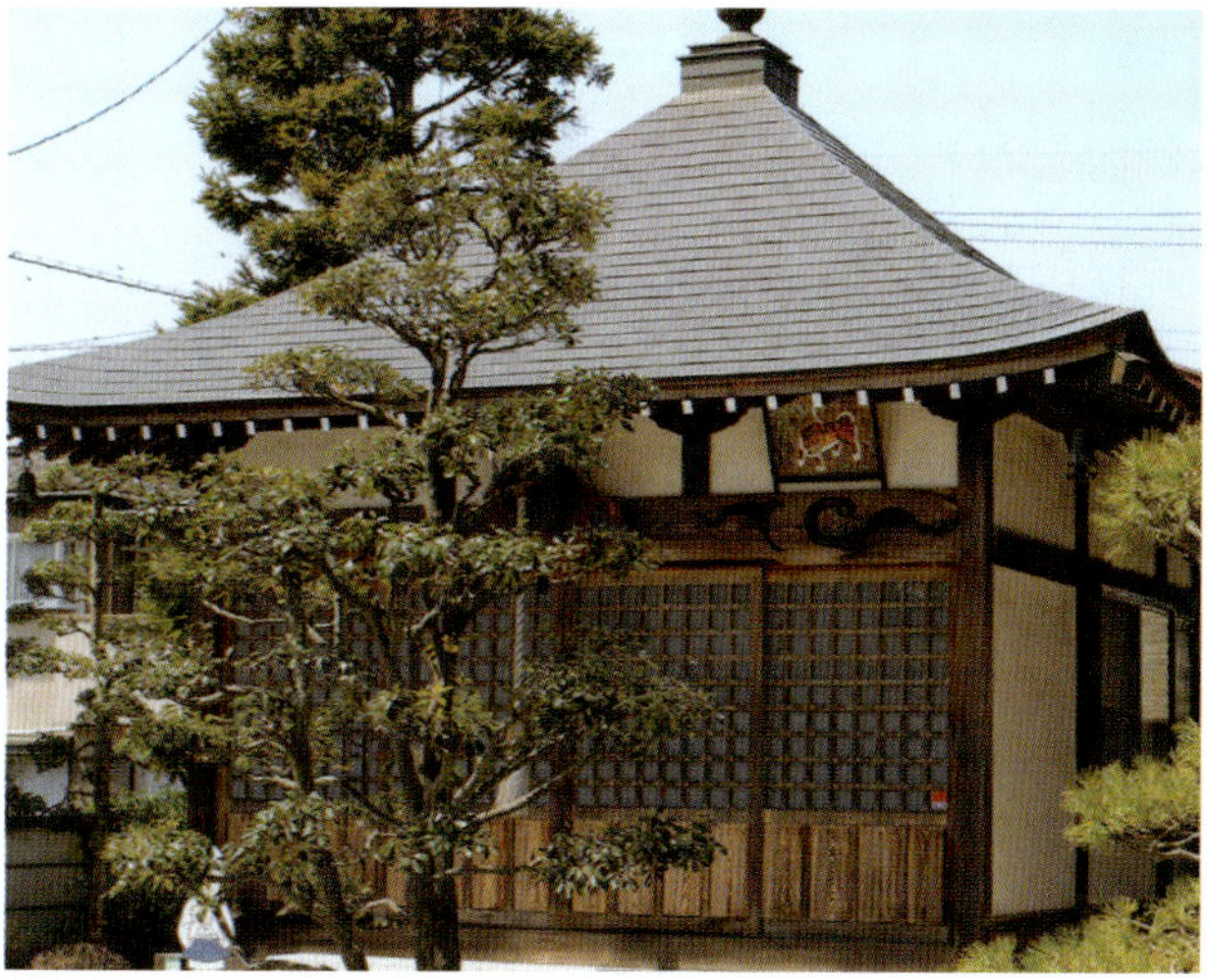
薬師堂

第二十七番

長久寺《ちょうきゅうじ》

浅羽（坂戸市）

鐘楼

浅羽《あさば》の長久寺は、第二十六番大栄寺を東に出て県道74号日高川島線を進み、下新田郵便局を越えると、幼稚園越しに山門・鐘楼・本堂が一望できる。長久寺は石井の大智寺末。八葉山来迎院と号した。中興開山は争含《しょうがん》、貞享元年遷化という。

保育園に沿った参道より山門を入ると両脇の、元禄二年（一六八九）に浅羽村の檀中が建立した、地蔵菩薩の雄渾な姿に目を奪われる。

広い境内には桜の老樹が枝を張り、大銀杏も聳えている。鐘楼に近く、桜の根元に浅羽学校跡の碑がみられる。明治七年（一八七四）浅羽・厚川を学区として、この長久寺において開学され、のちに大家小学校となった。この地域における近代教育の発祥遺跡である。

長久寺本堂は延宝四年（一六七六）頃に建立されたが老朽化し、平成四年新築のはこびとなった、広大で見事な出来栄えである。

本堂左手に小高い築山があり、竹に囲まれたなかに

◉道案内
東武東上線一本松駅より
第二十六～二十八番

観音堂

市指定文化財石造の将軍地蔵がある。これは、享保十四年（一七二九）第七世教雄が建立したもので、イノシシに跨る珍しい将軍地蔵菩薩像である。将軍地蔵は鎧兜を着け馬に跨る像で、飢饉の克服祈願としても信仰されていたので、村民の貴重な食料である畑作物を食い荒す猪鹿の鎮撫祈願に建立されたらしい。

観音堂前の宝篋印塔は寛政六年（一七九四）二月二十日、上浅羽村宇津木善兵衛が寄進している。また六地蔵は文化元年（一八〇四）に上浅羽村念仏講中が寄進したもの。この地蔵堂の右奥に鎌倉・室町期の板碑が二基安置されている。また六地蔵の前に立つ、安永七年（一七七八）に下宿・横宿・内手・上宿の住民が建立した石造観音菩薩像がすばらしい。

代々の寺僧の墓域にあった貞享二年（一六八五）八月八日、武州浅羽八葉山の水向碑は、最近、六地蔵の裏に安置されている。これは霊前に水を手向ける信仰のひとつで、近世仏教石碑としては数少ないものである。

◉第二十七番　土佐神峯寺（安田町）

み仏の誓の心かうの峯
やいばの地獄たといありとも

第二十八番

善能寺《ぜんのうじ》

脚折（鶴ヶ島市）

山門

脚折《すねおり》の善能寺は、第二十七番浅羽の長久寺の東方、国道407号線を北に進み、脚折町四丁目交差点を左折すれば、山門と大鐘楼が目に入る。境内は立派な庭園が池を巡り構成されている。善能寺は石井の大智寺末、安養山蓮華院と号している。

本堂は天保十四年（一八四三）建立と伝えられ、明治十五年二月、有耕書「安養山」の額が威容を示す。開山は明らかではないが、慶長元年（一五九六）法印栄慶の中興という。左手の薬師堂は享保年間の建造で慶安三年（一六五〇）の市指定文化財鰐口が残されている。この鰐口により栄慶が穀物を食べずに祈願を続ける「穀断祈祷《こくだちきとう》」によって、薬師寺を建てたという由来が知られる。

堂内の薬師瑠璃光如来は「寅薬師」、脚折の薬師といい武蔵七十二薬師の十一番にあたる。薬師堂の右に大法篋印塔があり、天明八年（一七八八）八月、武州高麗郡脚折村願主当寺三世俊海・七世隆澄が檀中の平

◉道案内
東武東上線一本松駅より
第二十六～二十八番

本堂

野助右衛門らの助力によって建立したもの。

宝篋印塔と並んで六地蔵堂があり、天明三年（一七八三）の地蔵尊と、天保十一年（一八四〇）の「奉納西国・四国・秩父・坂東百八十八ヶ所供養塔」がある。この塔は、西国より坂東まで、一八八か所の巡礼を成し遂げた、善能寺の檀家平野覚善という人が奉納した供養塔である。この塔の右側面に「新四国霊場第二十八番善能寺、是ゟ二十九番石井村まで三十丁、施主平野覚善」と刻まれている。この石塔は本書で紹介している、武州八十八霊場についての記事を遺す数少ない資料のひとつである。

地蔵堂の中に五輪塔一基のほか、多数の中世板碑が保存されている。境内西の墓域に代々の僧塔があり、中興の法印栄慶は承応二年（一六五三）六月寂と知られる。中央奥に立つ美しい釈迦石像は延宝五年（一六七七）脚折村の檀中によるもの。境内の「鶴ヶ島学校跡」の碑により、明治五年の学制によりここから小学校が誕生したことが知られる。

◉第二十八番　土佐大日寺（野市町）

露霜と罪を照らせる大日寺
などか歩みを運ばざらまし

山門

第二十九番 大《だい》智《ち》寺《じ》

石井勝呂（坂戸市）

◉道案内
東武東上線坂戸駅より

石井《いしい》の勝呂大智寺は、坂戸駅より国道407号線を北に向かい、坂戸福祉センター前を右折し、ほどなく左折すると大きな竹藪が見える。門前に桜の大木があり、境内は山門と庫裡の門を結ぶ白壁の塀で囲まれている。塀の際、梅の老木の傍らに、田中一郎撰文の大塚教識先生顕彰碑がある。大智寺を継ぎ寺運回復に努めながら、住民に推されて村長・県会議員を務めた大塚教識先生の徳を讃えた碑である。

山門を入ると近代洋風建築の本堂が現れ、ステンドグラスの輝きが堂内を彩る。左に経蔵、右に鐘楼がある。西洋風の建築と調和する厳粛な佇まいだ。戴いたパンフレットによると、本堂を会場としてコンサートなども開かれ、寺院が地域の文化活動に挑戦する姿を知り感動した。

大智寺は新義真言宗、山城国（現京都府）醍醐無量寿院の末。龍護山実相院と号し、寺領二十石の御朱印を認められている。寺の中興開山は慶長頃の住職俊誉

本堂遠景

黒川氏墓域入口の板碑、文明 14 年ほか

旗本黒川氏墓域

である。中興開基は延宝八年（一六八〇）に死去した黒川丹波守平正直である。正直の父正秀は岩槻城主北《ほう》条《じょう》氏房《うじふさ》に仕え、小田原落城後、氏房にしたがい高野山に上り、のち慶長五年（一六〇〇）、家康に召されて代官となる。慶長十四年死去し、勝呂郷の大智寺に葬られ、以後、代々の葬地になった。正直は父の遺跡を継ぎ、代官より御目付を経て、諸国巡見使や長崎奉行などを歴任した。その子、正敦も同様に旗本として幕府に仕え千八百石を知行している。黒川氏が大智寺を菩提寺にしたのは、祖父正忠の代より、比企郡吹塚《ふきつか》村に居住していた縁からであった。黒川氏の墓塔は県指定文化財である。

本堂左の墓地入り口の覆屋に、六地蔵が安置され、古い墓塔も並んでいる。寛文・元禄の年号もあり、中に下部の埋もれた板碑がある。また黒川氏墓域入り口には板碑五基がたてかけてあり、文明十四年（一四八二）の年号が読み取れる。傍らの大きな地蔵尊像は、万治二年（一六五九）九月と刻まれている。

黒川氏墓域前の大きな宝篋印塔は、宝暦五年（一七五五）、小沼村高橋平左衛門と大智寺現住乗雄の建立である。墓地を見ると、檀家の高橋・小川・小林・浅見・小島家、その他、古い石塔が整然と並んでいる。

鐘供養堂

山門の外に文殊堂があり、受験生や学業成就を祈る人が訪れている。

◉第二十九番　土佐国分寺（南国市）

国を分け宝を積みて立つ寺の
末の世迄も利益のこせり

鐘楼

第三十番

龍《りゅう》福《ふく》寺《じ》

戸口（坂戸市）

◉道案内
東武東上線北坂戸駅より

本堂

戸口《とぐち》の龍福寺は、第二十九番大智寺より県道39号川越坂戸毛呂山線を西に行き、粟生田大橋より北に向かうと一直線である。あるいは、北坂戸駅より団地を経て、西方を流れる高麗川の新戸口橋を渡り、水田地帯を右に直行すれば、東入西神社の隣に寺域を望むことができる。龍福寺は石井の大智寺末、天神山不動院と号している。

境内に入ると、本堂とともに、新たに建立された巨大な石灯篭と、坂戸観音像が眼をひく。整備された新墓地が門前に広がり、一方境内の東に旧家の墓域がみられる。

参道には天神山龍福寺という門柱が均整よく建立されている。傍らの地蔵尊は古色をたたえて微笑み、参詣者をむかえてくれる。境内の右に大宝篋印塔があり、「寛政八丙辰歳十二月大吉日宝篋印陀羅尼塔」と刻む。願主は戸口村観音講中、助力総村中、世話人として宇津木丈右衛門・金子左兵衛・三田佐左衛門・現住法印寛智とみえる。また台座に刻まれた三田・高田・森田・山崎・金子・福嶋・加藤・宇津木などの連名により、村の住民が喜捨して造立した模様がわかる。

境内には桜の老樹が聳え、本堂も境内も整った環境にある。本堂の右に、東入西神社が並び立ち、戸口村の神仏混淆《しんぶつこんこう》を窺うことができる。

境内の東に旧家の墓地があり、三田家と金子家が南に面した墓塔を建てている。三田家はその先祖が奥多摩の二俣尾村の武士三田彈正少弼綱秀だといわれ、三田氏が北条氏照に敗れたのち、子孫が野口刑部尉らに伴われて戸口村に落居したと伝えている。戸口の三田家所蔵の中世文書と、奥多摩に残る原島家文書とも符合するので、三田・野口・金子氏などが三田家の没落に遭遇し、その後、戸口村に土着し、村おこしを成し遂げたのであろう。龍福寺の開基も戦国末期とみられるので納得できる。

新たに建立された坂戸観音像と大石灯篭

◉第三十番　土佐一の宮（善楽寺）（高知市）

人多くたち集まれる一ノ宮
昔も今も栄えぬるかな

同寺墓地、旧家の墓塔が多い

第三十一番 正《しょう》法《ぼう》寺《じ》

岩殿（東松山市）

樹齢数百年の大銀杏

岩殿《いわどの》の正法寺は坂東三十三札所の第十番の名刹で岩殿寺といわれた。現在観音堂は、県道212号岩殿観音南戸森線に沿っている。高坂駅西口を進み、こども動物自然公園入り口の交差点を右に入ると、山門へ向かう敷石舗装道路が一直線に延び、そのさきの山門に仁王像が恐ろしい形相で立っている。「岩殿山」の額を潜ると、急な石階が眼前に立ちはだかり、本堂の建物は遥か上段に隠れて影も見えない。

石階の左に「正嘉元年（一二五七）彼岸第三岩殿寺衆徒敬白、奉為当寺前別当左金吾禅門覺西」と後に補足した、緑泥片岩の碑が目につく。長い急な石階を上がると白い変成岩の山を背に、昭和四年に改修された美しい観音堂が現れる。銅葺き、扇垂木《おうぎだるき》で、桁行《けたゆき》から流し向背《こうはい》となる善光寺式の見事な堂である。

境内に樹齢数百年の市指定大銀杏が根幹を伸ばしている。幹は俗にいう銀杏の乳で覆われ、見えないほどである。

◉道案内
東武東上線高坂駅より
第三十一～三十三番

本堂

また観音堂の右手、白岩の壁に四国八十八霊場の尊像石仏を、近隣信者が造立安置し、今に伝えている。正法寺は四国の三十一番竹林寺にあてられているが、この石仏群の中に、「四国三十一番本尊文殊菩薩、土州竹林寺、中山村施主馬橋半三郎」と刻された像が見られる。そのほか弘化四年、遍路から戻った信者が造立した四国八十八霊場の石像が多い。

境内には薬師如来堂・百地蔵堂もある。本堂左手を上ればトンネルを抜けて県道212号に通じているが、参拝の正道ではない。ここより物見山に上れば、春は桜花が埋め尽くし、夏は北関東から発生する雷雲を眼下に見ることができる。

岩殿観音では江戸時代後期の天保年間、被差別村からの手水鉢《ちょうずばち》献納をめぐり、いわれなき差別行為がおこり、騒動となった。今日その遺品はないが、江戸中期の明和六年（一七六九）九月、江戸両国、願主今理屋新兵衛、奉納今理屋利兵衛ほか、世話人入間郡嶋田村岡野喜右衛門・岡野幸八・岡野理右衛門・宇都木友右衛門・浅海平六・中嶋浅右衛門・正代村内野長兵衛と刻まれた大手水鉢が現在も使われている。なお、薬師如来堂前の小手水鉢は、文政十一年（一八二八）十一月、世話人小峰定吉・若林丈助、願主一元、毛塚村井

四国霊場各寺の石像

上八兵衛が奉納したものである。

境内には鐘楼に県指定文化財の銅鐘が架かり、また、僧の石塔や江戸俳人の句碑など、見るべきものが多い。山門の左手、やや離れた谷の岸壁に小さな洞穴が埋もれて、草木に覆われている。足を踏み込む人は少ない。ここには県道212号より裏参道の県指定史跡正法寺六面幢《ろくめんとう》という看板を見て進み、長い急坂を下ると平らな岩場に出る。六面幢の建立場だ。緑泥片岩の六枚の塔婆を組み合わせ、上に六角形の笠石を乗せてある。六枚の板石に刻まれた銘文によれば、天正十年（一五八二）彼岸中日、岩殿山荒神山山房道照が、開山栄俊の弟子俊誉ほか、成弁・妙西・道慶・俊意の菩提を供養するために建立したものとわかる。この岩場は洞穴もふくめて修行の一角でもあったようだ。

昔から岩殿観音にいたる参道は小さな門前町の様相を呈していた。古くは山門の右側に正法寺・般若坊・いとく寺・是心坊・熊野神社・法院坊・正存院・理音院・正学院・薬師堂などの諸堂庵と民家が続き、左手には民家だけが建ち並んでいた。

最上部の物見山から岩殿山とその下方一帯が、修験による信仰・修行のゾーンを形成していた。しかも当山派修験・本山派修験が包含されていた特殊な地域な

境内下方の岩場にある六面幢

四国 31 番土佐竹林寺文殊菩薩石像
（馬橋半三郎が寄進）

のである。

参拝者は旧江戸道から念仏堂跡（阿弥陀堂跡）を訪ね、高さ二・五メートル、幅六五センチの「阿弥陀堂板石塔婆」を見たいものだ。応安元年（一三六八）庵主明超上人が門徒五〇人の連名により、法華経の偈文「真言不思議、観誦無明除、一字含千理、即身証法如」を刻んでいる。ここから小河川を越えて参道を登り、旧諸堂庵を右手に訪れながら、山門へと上るのもおもむきがある。

◉第三十一番　土佐五台山竹林寺（高知市）

南無文殊みよの仏の母ときく
我も子なれば乳こそほしけれ

長慶寺全景

第三十二番

長《ちょう》慶《けい》寺《じ》

神戸（東松山市）

◉道案内
東武東上線高坂駅より
第三十一〜三十三番

神戸《ごうど》の長慶寺は、第三十一番正法寺の山を北に下り、熊野神社を経て平田自動車前二叉路を、左の清澄ゴルフ倶楽部に沿って稲荷神社を目標に、高本まで行き左折し、水田に沿い道なりに行くと、左に長慶寺参道の門柱が見える。左手に湿地の堀跡を眺めながら歩を右に転じると、赤い本堂の屋根が木立に見え隠れしている。長慶寺は新義真言宗、山城国（現京都府）醍醐三宝院末、澤田山修造院と号し、美しい山門を入れば、境内左に蓬莱島をもつ古池が水を湛《たた》えて静かに波紋を描いている。境内の南方、小高い墓域には当山先師の大きな宝篋印塔があり元禄・宝永などのものである。

また上部の墓地に大型の板碑があり、「光明遍照十法世界」と刻まれている。元禄四年（一六九一）九月の像塔、安永七年（一七七八）四月三日権大僧都法（破片）の墓碑なども散在する。

小川家の檀家墓地には康安元年（一三六一）辛丑十月四日の板碑があり、また寛文十一年（一六七一）の立派な宝篋印塔が二基みられる。寺域には小河川から引いた堀の遺構があり、中世の館跡を想定できる地形である。

鐘楼と宝篋印塔

◉第三十二番　土佐禅師峰寺（南国市）

静かなるわがみなもとの禅師峰寺
浮かぶ心は法の早船

古池の蓬莱島

第三十三番

安楽寺《あんらくじ》

唐子（東松山市）

◉道案内
東武東上線高坂駅より
第三十一〜三十三番

墓地入り口の板碑

第三十三番下唐子《しもからこ》の安楽寺跡は、神戸の長慶寺より北に向かい、神戸大橋を渡ると右手に駒形公園が見える。十字路の火の見櫓下を東に細道を下ると、高い石垣に囲まれた墓地が左に見える。旧安楽寺の墓地だ。寺は焼失し、四五〇坪程の共同墓地になっている。寺跡は墓地東端の現在畑になっている辺りらしい。

檀家の小沢氏の話によれば昭和四十一、二年墓地整備事業によって現状の区画になったという。墓地を一巡すると小沢家・中村家・小河家・天野家などの墓塔が多い。

墓の区画に板碑片などが散見し、現在、中村家（秋草家）の墓域に権大僧都の墓石が数基遺されている。昔の安楽寺歴代住持の供養塔と思われる。墓の隅に二メートルほどの地蔵尊石像がある。『新記』に「本尊地蔵を安せり」と見えるのはこの尊像であろうか。墓塔のなかに享保十二年（一七二七）三月　権大僧都法印俊覚、その他、宝暦六年（一七五六）、安永元

墓地東側道路の六地蔵尊

年（一七七二）十二月権大僧都法印弁覺、天明四年（一七八四）、天保四年（一八三三）などの権大僧都法印の墓が見られる。

墓域の丘から水田と、広々とした駒形公園を一望できる。

◉第三十三番　土佐雪蹊寺（高福寺）（高知市）

旅の道うえしも今は高福寺
のちのたのしみ有明の月

地蔵尊石像

第三十四番

成就院《じょうじゅいん》

金井（東松山市）

◉道案内
東武東上線東松山駅より
第三十四〜四十八番

成就院跡関係の秋葉神社

金井の成就院跡は、東松山駅から東松山市役所北で県道391号線を北上し、県道307号線の大谷十字路から滑川方面に向かい、福田吹上線を七〇〇メートル進むと、左の丘に秋葉神社が見える。神社は江戸時代この村を知行した旗本森川美濃守が、遠州秋葉神社を分祀したものといわれている。

小高い丘の上に鎮座し長い石段がついている。登り口に、天保六年（一八三五）の法印光範の大きな石塔があり、筆塚である。寺子屋の師匠光範を顕彰して弟子・門人が建てたものだ。

金井村の鎮守は雷電社、また村民を檀家とする曹洞宗の古刹宗悟寺があり、信仰の中核をなしていた。ほかに南蔵院と成就院の二つの修験があり南蔵院は八幡社を、成就院は天神社をもっていた。成就院の修験は旗本森川氏が江戸から連れてきたが、明治初年、修験は禁止されたため、前記の両院は廃絶された。古老の話によれば、秋葉神社の祀られている丘の南端の、堀

秋葉神社左下の成就院堀跡

秋葉神社下の法印光範筆塚

跡に囲まれた竹藪が成就院跡だとのことである。

◉第三十四番　土佐種間寺（春野町）

世の中に蒔ける五穀の種間寺
深き如来の大悲なりけり

第三十五番

龍《りゅう》性《しょう》院《いん》

根古屋柚澤（吉見町）

◉道案内
東武東上線東松山駅より
第三十四～四十八番

本堂

根古屋《ねごや》（柚澤《ゆさわ》）の龍性院は、第三十四番成就院より県道３０７号線に出て、大谷十字路を右折、県道３９１号線を南下し、市ノ川橋より東へ向き、川沿いに行くと北吉見の百穴《ひゃっけつ》に出る。彼方の居宅越しに大きな伽藍が見える。龍性院だ。

ここは往古、久米田郷といい、『小田原衆所領役帳』によれば、久米田・根古屋・柚澤・土丸・流川の五村からなる地域である。龍性院は柚澤にあるが、根古屋村岩室観音の別当寺だったので、「根古屋龍性院」といわれた。吉見の御所にある息障院末、岩室山湯澤寺と号している。百穴に近い岩室観音は龍性院第三世堯音が寛文年間に再建したといわれ、四国霊場の仏像八十八体を祀っている。

龍性院の本尊は不動、中興開山の頼山は寛文二年（一六六二）三月遷化という。

石の門柱より本堂に石畳が続き、大きな金銅炉から香華が絶えない。綺麗な境内である。左に宝篋印塔があり、平成六年、新築した本堂の建立記念碑が添えられている。門の左に大きな池。石橋を渡ると「南無福徳弁財天」の堂がある。赤い幟も並び立ち寺院・檀徒の力添えが感じられる。梅の老木を見ながら境内の天神社を拝し、墓地に入ると、歴代住僧の宝篋印塔がある。

檀家の墓塔を見ると、寛永頃より元禄時代にかけての美しい石塔が多い。優れた石工のわざに感心する。

檀家の大沢家・石井家・森家、その他、古い墓石が目につく。その一基に「木夢宗覚信士、元禄六癸酉十月十八日、施主湯沢村森源右衛門尉」と刻まれている。柚澤は往古鉱泉があったので湯澤といわれたらしい。石碑にも湯と柚が混在している。

◉第三十五番　土佐清滝寺　（土佐市）

清む水を汲めば心の清滝寺波の花散る岩の羽衣

南無福徳弁財天

歴代住持墓塔

本堂

第三十六番

安《あん》楽《らく》寺《じ》

吉見岩殿（吉見町）

◉道案内
東武東上線東松山駅より
第三十四～四十八番

吉見岩殿《よしみいわどの》の安楽寺は、第三十五番龍性院より北方へ、起伏の多い道を坂神社に向かい、県道２７１号線に出て東に進むと観音前に着く。細い急坂を上がれば境内だ。鬱蒼とした森の中に立つ伽藍に圧倒される。この近郷を代表する寺院で坂東三十三札所の第十一番である。寺は御所の息障院末、岩殿山光明院と号している。

寺は伝説によれば奈良時代に行基が聖観音を彫り岩窟に安置したのに始まるという。幾多の変遷を経て江戸時代前期に、本堂・三重塔・仁王門が現在地に再建されたのである。

石段を上がると仁王門がある。三間一戸の八脚門、金剛力士像二体を安置する。元禄十五年（一七〇二）の建造である。さらに正面を上がると本堂である。

本堂は寛文元年（一六六一）秀慶法印が再建した五間堂平面の密教様式建造物。三重塔は寛永年間（一六二四～一六四三）杲鏡《こうきょう》法印が再建した和風様の形式で、総高二四・三メートルの威風堂々たる建造物だ。仁王門とともに県指定文化財である。

山門の左方に二基の宝篋印塔があり、宝暦三年（一七五三）仲春奉納、弘法大師御作木塔修繕、昭和十二年根岸伴七と刻む。右には覆屋の中に六地蔵尊が安置されている。

本堂前に青銅製の大仏が安置され、寛政元年四月上旬、第十世法印蓮秀代と刻む。右に大きな忠霊塔が置かれている。

三重塔

本堂全景

本堂の裏山に歴代住僧の墓塔がある。改築された鐘楼は記念碑によれば、昭和八年六月、息障院第四十世大僧正栄豊の時代だ。記念碑の前に小板碑片が置かれている。まことに遺跡の山である。

境内の左方に清流の池があり、庫裡の庭園へと流れ静寂なよそおいである。

◉第三十六番　土佐青龍寺（土佐市）

わづかなる泉に棲める青龍は
仏法守護の誓いとぞきく

八起地蔵尊

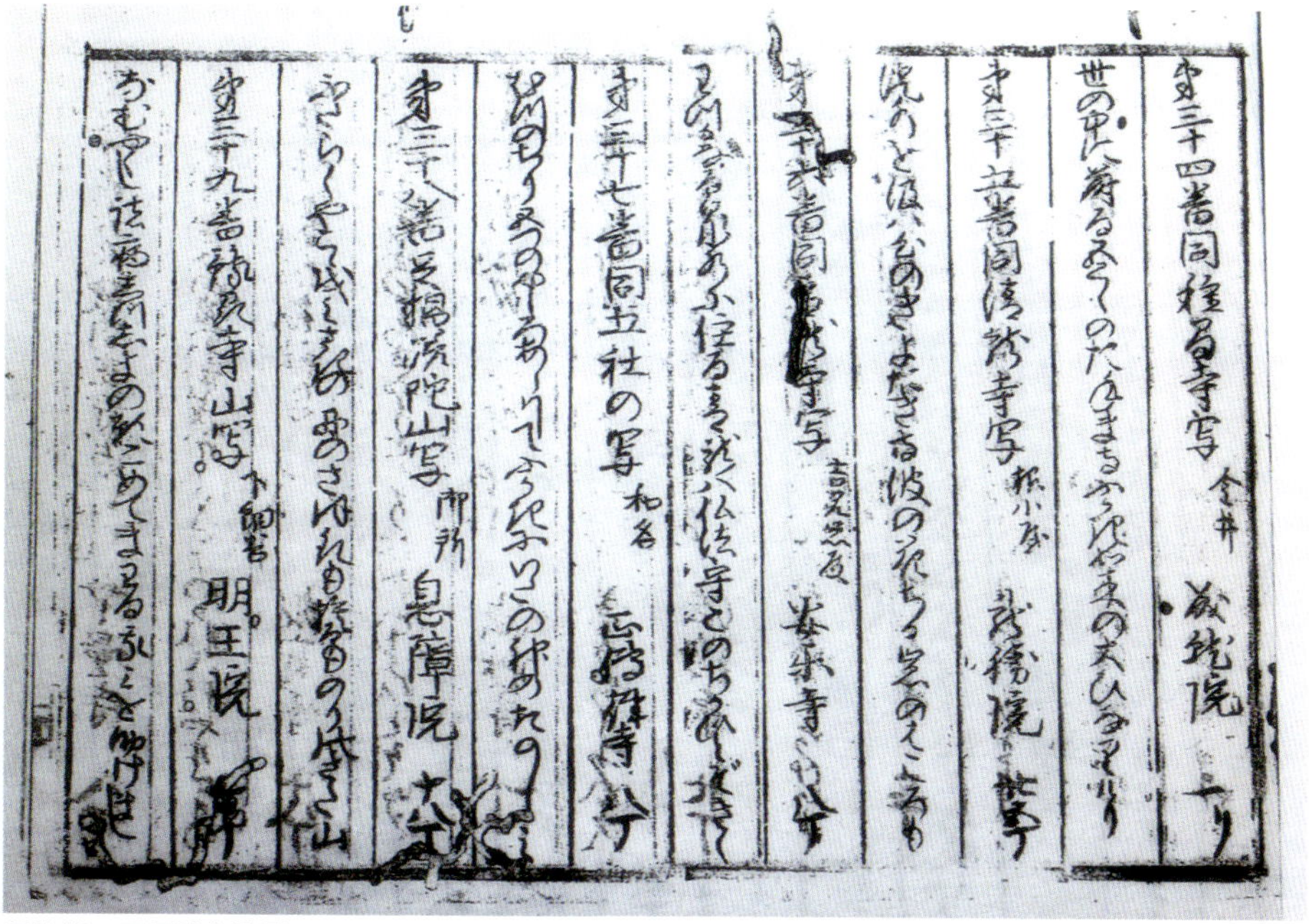

印施新四国遍路御詠歌

歴代住持の墓塔群

第三十七番

正《しょう》伝《でん》寺《じ》

和名（吉見町）

◉道案内
東武東上線東松山駅より
第三十四～四十八番

山門

和名《わな》の正伝律寺は第三十六番安楽寺の山門を出て吉見西小学校前を南に下がると、地蔵尊が数基立ち並ぶ参道となる。坂道を登ると右に山門が見える。周囲を堀で囲まれたような山際に、ひっそりと建つ地蔵堂、堂前の二メートルの板碑（文字は剥がれて僅かに為光などと読める）と、大きな宝塔、山の中腹に見える歴代住持の墓塔、僅かに残る崩れた土塀などを見ると、騒がしい時代を忘れ信仰が生き続けていた昔を感じるようだ。

正伝寺は『新記』に真言宗江戸湯島霊雲寺末瑞松山と称すと記されている。地蔵を本尊とし、中興開山契中比丘、延享四年（一七四七）に没すという。

五代将軍綱吉のころ、江戸湯島の霊雲寺の祈願寺のひとつであったと、檀家総代は語る。正伝寺坂下の和名第二集会所の庭に、大型の宝塔とともに、横見郡和名村常念寺住持の建てた「普門品供養塔」がある。

四国霊場では、第三十七番土佐岩本寺から第三十八番土佐金剛寺まで二十一里を数え、道中で倒れるものが多く、いまも道端に遍路の墓が点々と残っている。

◉第三十七番　土佐岩本寺（窪川町）

六つの塵五つの社あらわして
深き仁井田の神のたのしみ

大きな宝塔

山門から本堂

為光名の板碑

第三十八番

息障院《そくしょういん》

御所（吉見町）

◉道案内
東武東上線東松山駅より
第三十四〜四十八番

地蔵堂（現在萱葺きより銅板に改修）

御所《ごしょ》の息障院は、第三十七番和名正伝寺より東へ、よしみ幼稚園に歩を進めると息障院の角に出る。

息障院は山門に続く美しい白壁の塀に囲まれ、古い堀や土塁の痕跡も認められる。方形一二〇×一〇〇メートルとみられるので、鎌倉時代などの平地館跡、一町四方の規模と同じである。この地も伝源範頼の館跡として県指定である。なお、蒲桜で著名な石戸堀之内（北本市）など、他にも数か所の関連があり、悲劇的な最期を遂げた源範頼の史跡探索は興味深い。

息障院は新義真言宗山城国醍醐報恩院末、岩殿山光明院と号す。朱印高二十石、本尊は県指定文化財の不動明王坐像である。茅葺きの地蔵堂（銅葺に改修された）は、室町期の様式を示す美しい建築である。

広大な寺域と豪壮な本堂・鐘楼・萱葺きの地蔵堂などが山門から一望できる。境内には歴代住僧の墓塔が竹林に囲まれて並ぶ。その一角に巨大な供養塔があり、享保の年号が読み取れる。なお、宇高良哲編『武蔵吉

本堂

見息障院文書』によると、息障院は真言宗僧侶の養成にあたる談林《だんりん》（学問修養の道場）の機能をもつ名刹で、横見・高麗・比企・足立・多摩郡などに九十七か寺の末寺を有する関東屈指の有力な本寺であった。それゆえ新義真言宗の本山京都智積院と深い関係にあり、永禄八年（一五六五）根来智積院日秀が関東諸談議所坊中に宛てた定めをはじめ、慶長・元和年間の関東新義真言宗の定めなど、多くの貴重な古文書を所蔵している。

◉第三十八番　土佐金剛福寺（土佐清水市）

　ふだらくや　こゝはみさきの船の棹
　　とるもすつるも法の蹉跎山

享保年間の宝篋印塔

第三十九番 明王院《みょうおういん》

下細谷（吉見町）

◉道案内
東武東上線東松山駅より
第三十四～四十八番

下細谷《しもほそや》の明王院は第三十八番息障院より県道345線を南下して、吉見町役場入り口より裏手に回ると境内である。寺は田畑のレベルより一メートルほど盛り土して新築されている。明王院は御所の息障院末、松岡山光勝寺と号す。本尊十一面観音である。

整えられた境内に板碑などがみられるが、刻字は剝落している。門前の墓地に代々住持の大きな墓塔がある。宝篋印塔・五輪塔、その他、雄大な宝塔が並び立ち圧倒される。かつて寺域は堀に囲まれていたので、その残堀が散見する。『正保武蔵田園簿』に明王院領高七石と見える。

横見郡下細谷村は、代官今井八郎左衛門の支配地で村高六六七石余、田が大半をしめる豊かな村であった。

◉第三十九番　土佐延光寺《しつじょ》（宿毛市）

南無薬師諸病悉徐の願こめて
参る我が身を助けましませ

明王院石柱

明王院全景

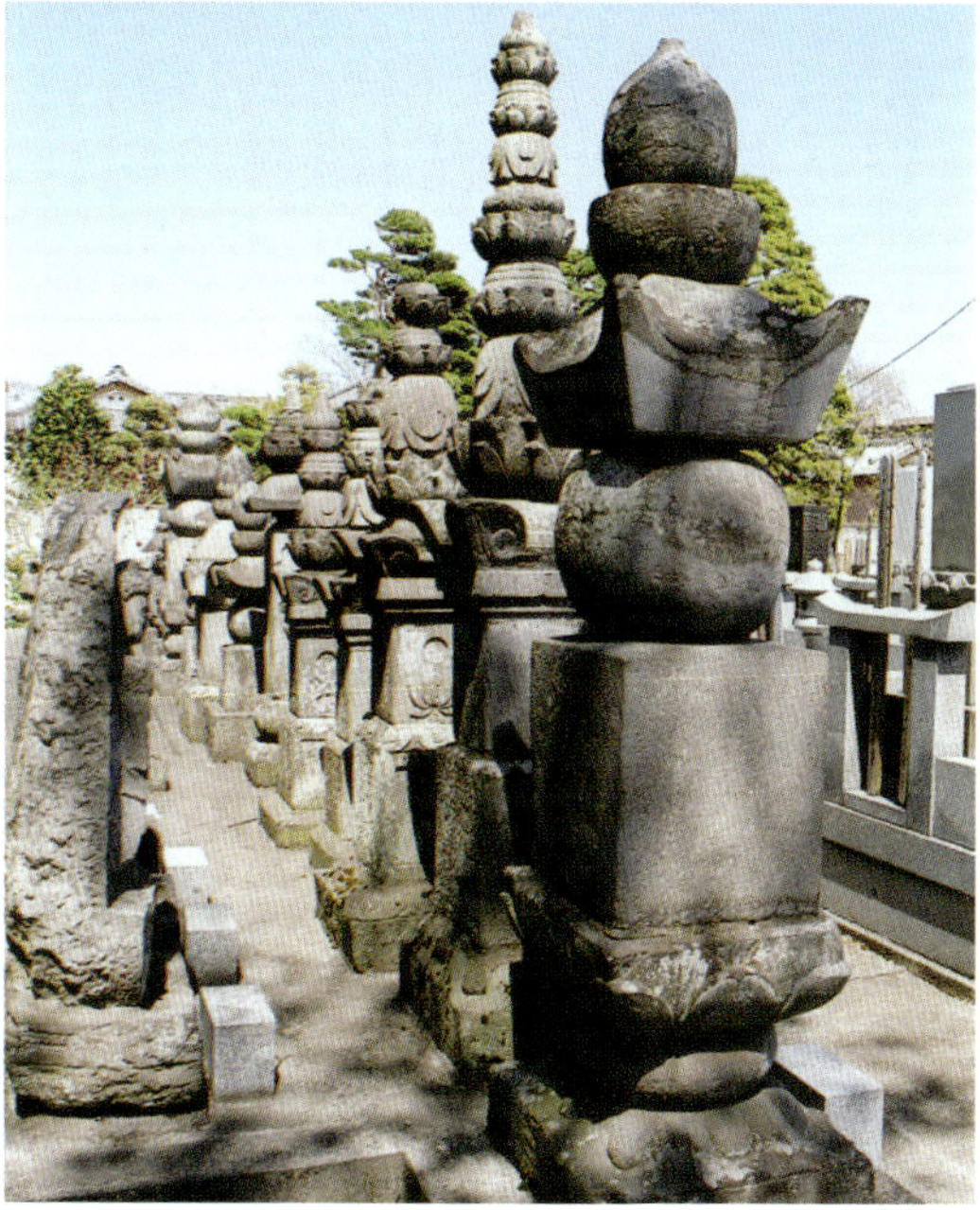

歴代住持の供養塔

第四十番

無《む》量《りょう》寺《じ》

久保田（吉見町）

◉道案内
東武東上線東松山駅より
第三十四〜四十八番

久保田《くぼた》の無量寺は第三十九番明王院より西に回れば左手に広い参道が見える。小さな堀が寺域を巡り、長い塀で囲む本堂と、中央の長屋門のバランスが美しい。正式の名は御所の息障院末、愛宕山寿命院無量寺という。本尊の木造阿弥陀如来立像は町指定文化財である。

慶長六年（一六〇一）、徳川家康が鷹狩のとき、寺領十石を賜う旨、伊奈備前守より証文を受け、慶安元年（一六四八）朱印状を与えられ、横見郡久保田村高十石無量寺領とみえる。その後、無量寺は家光時代まで四回、将軍家放鷹の休息所となったという。同時に、客殿の傍らに御茶屋が建てられたが、寛文十一年（一六七一）に廃止された。

本堂は天明八年に建てられ、本尊の不動尊が安置されている。門扉は寛政十一年（一七九九）に造られている。塀の中に数基の板碑がある。

（上部断碑）妙賢　妙心　妙円　慈円

墓塔群

妙園　道妙　妙林　□□
□□　蓮仏　妙□　□□

その他、嘉元四年（一三〇六）の板碑、延文六年（一三六一）の板碑などがみられる。延文の碑は、「光明遍照　十方世界　念仏衆生　奉為沙門俊阿敬白　延文六年五月廿日」と読める。

無量寺の檀家墓地を巡ると、整然とした墓塔群に目を奪われるようだ。江戸時代の豊かな水田耕作が、この地域に富をもたらしたのであろう。

◉第四十番　伊予観自在寺（御荘町）

心願や自在の春に花咲きて
浮世のがれて住むやけだもの

山門より全景

本堂

薬師堂

第四十一番

観音寺《かんのんじ》

大串（吉見町）

本堂

大串《おおぐし》の観音寺は、第四十番久保田の無量寺より県道345号線に出て南下し、江綱の県道33号線を東に進み、右へ一キロ余行くと、観音寺の大きな長屋門が見える。昭和四十六年、檀家が修理を加えたもので、江戸期の建物を金属板で覆っている。本堂も昭和二十八年に修理されている。当寺は御所の息障院末、大串山宝珠院と号している。

門前に樫の古木があり、想像を絶するほどの年輪が窺われ、圧倒される。本堂左に吉見町指定文化財の板碑が十三基並び立ち、境内は藤の巨木や最近整備された蓬莱池など、静寂な佇まいである。

観音寺の板碑は貞永二年（一二三三）をはじめとして、建長七年（一二五五）、文永五年（一二六八）、元亨元年（一三二一）、建武三年（一三三六）などがあり、建武の板碑は上下欠損のためコンクリート枠補修されている。碑文は「本阿弥陀仏（欠）為三三年也（欠）」と読める。延文四年（一三五九）明性禅尼の板碑、そ

◉道案内
東武東上線東松山駅より
第三十四～四十八番

板碑群、貞永２年・建長７年など

本堂奥の池

の他、文明元年（一四六九）の弥陀一尊図像板碑は「念仏供養　妙正、妙善、妙西、太郎二郎道林」など交《こう》名《みょう》という念仏供養に参加した人々の名前が刻まれている。貞永二年の板碑は、北本の石戸東光寺板碑と同年号の古碑である。かつてこれら板碑の大半は観音寺の池畔や墓地にあったが、いまは写真のように安置されている。

◉第四十一番　伊予龍光寺（三間町）

この神は三国流布の密教を
守り給わむ誓いとぞ聞く

第四十二番

宝性寺《ほうしょうじ》

江綱（吉見町）

◉道案内
東武東上線東松山駅より
第三十四～四十八番

本堂

江綱《えつな》の宝性寺は、第四十一番観音寺際の県道33号東松山桶川線と、県道３４５号小八林久保田下青鳥線が交差する江綱を、僅かに東進し最初の信号を右折、クランク状に左を見ると、樹木に覆われた堂舎と、大きな宝篋印塔群が見え隠れする。檀家が建立した本堂が美しい。

境内にゲートボールなどを競技する広場もあり、また地域の集会場も整備されている村の一角である。宝性寺は御所の息障院末、頼綱山観秀院と号した。

巨大な楠木を見上げながら堂舎の奥に回ると、檀家野木家の宝篋印塔は慶安五年（一六五二）から寛文年間、神田家の宝篋印塔は寛文六年（一六六六）、小高家の同塔は元禄十一年（一六九八）など、各家数基の宝篋印塔が群立し、近世前期における村の豊かな生産性を示している。北側に歴代住持の墓塔が並び、延宝七年（一六七九）九月十六日の像塔のなかに法印権大僧都秀円・元禄六年（一六九三）七月権大僧都法印秀

庭園

などがある。

◉第四十二番　伊予仏木寺（三間町）

草も木も仏になれるぶつもく
寺なほ頼もしき鬼畜人天

歴代住持の宝篋印塔群

無縁墓塔群

第四十三番

法《ほう》鈴《れい》寺《じ》

小美濃（川島町）

◉道案内
東武東上線東松山駅より
第三十四～四十八番

小美濃《おみの》（現下小見野）の法鈴寺は、往古龍源院法鈴寺と称した。第四十二番宝性寺より県道33号線に出て東進し、県道76号鴻巣川島線の吉見高校入り口を南に進み、市野川の徒歩橋を渡った水田地帯のなか、川島町下小見野一五五番地にある。圃場整備された広大な水田に面して古い屋敷が連なるなかを西に行くと、本堂が見える。周囲の竹や松も伐られて、寺も新時代を迎えたような佇《たたずまい》である。門も明光山法鈴寺と新刻され、墓地の整備も進んでいる。現在、当寺は小見野の光善寺住職が兼帯され、日々管理に訪れている。

法鈴寺境内は鎌倉時代の武士小見野氏館跡かとの説もあり、周囲の低地は堀跡であろうか。山門を入ると多羅葉《たらよう》の大木が聳えている。年歴を経た古木とみえ往時の面影が偲ばれる一隅である。門内の右に池があり中央に「安永六年下小美濃村中」と刻まれた弁天の祠がある。

門内左手に江戸時代の墓石が無縁のごとく整理さ

本堂

安永６年弁天祠と新弁天坐像

れ、その数四百十基以上を認めることができる。その中には板碑が数基あり、また山門の傍らに貞和二年の板碑や、「明和六年（一七六九）八月、智山妙貞信女」と追刻された板碑がみられる。

◉第四十三番　伊予明石寺（宇和町）

聞くならく千手の誓いふしぎには
大盤石も軽くあげ石

第四十四番
西《さい》見《けん》寺《じ》
吹塚（川島町）

本堂

吹塚《ふきつか》の西見寺は、第四十三番下小見野の法鈴寺より県道76号線鴻巣川島線を南下し、県道74号日高川島線と交差する上八ツ林を、西に五〇〇メートルほど行くと西見寺の参道である。入口に古い地蔵尊がある。参道の右は狭い水田が見られ山門へと続く。山門の左に六地蔵が置かれ、右には庫裏へ入る長屋門が、古い面影を残している。『新記』によれば西見寺は法蔵山西養院と号し、越生今市の法恩寺末である。開山は住栄和尚、天文二十四年（弘治元、一五五五）寂という。

境内に入ると楠の老樹が聳え、本堂裏の竹やぶには堀の遺構がある。本堂には「宝楼閣」の扁額が掲げられ格調高い。昭和十二年の本堂修理は茅葺屋根だったが、現在は長屋門ともども銅板で覆われている。

境内には一・五メートル以上の板碑が二基安置されている。明和四年（一七六七）七月、西見寺二十一代覚隆のとき、施主土井大炊守内大塚清左衛門の奉納である。また山門内左手に大宝篋印塔があり、法印権大

◉道案内
東武東上線東松山駅より
第三十四～四十八番

僧都快慧によるものである。宝篋印塔の台座に室町期の小型板碑が二基置かれている。

山門の左手に六地蔵尊が覆屋で護られている。寛政六年（一七九四）檀徒と住持が協力して建立したものである。六地蔵の傍らに享徳四年（一四五五）の小さな板碑がある。同寺の墓地には檀家道祖土《さいど》家と小嶋家の古い墓石が多数認められた。

寛政６年六地蔵

◉第四十四番　伊予大宝寺（久万町）

いまの世は大悲のめぐみ菅生山
ついには弥陀の誓いをぞ待つ

大きな板碑

第四十五番

極《ごく》楽《らく》寺《じ》

上八ツ林（川島町）

◉道案内
東武東上線東松山駅より
第三十四～四十八番

本堂

上八ツ林《かみやつばやし》の極楽寺は、第四十四番西見寺より県道74号線に出て東に進み、上八林十字路で、県道76号鴻巣川島線のコンビニの角を左折すると、上八林集会センターがある。同所から極楽寺の参道が水田の中に長く延びている。

極楽寺は『新記』に法輪山と号し、下八林の善福寺末とある。参道の地蔵尊は明和七年（一七七〇）八月の造立である。本堂には法輪山観智院極楽寺と掲額され、堂の前に天明五年（一七八五）の宝篋印塔と大型板碑が二基遺されている。板碑には正和二年（一三一三）の文字が見える。

境内の墓地には檀家松本・染矢・天沼・田島・仁宮・丸山などの諸家に、近世初期の墓塔があり、松本家墓地の宝篋印塔は、同家の平右衛門が万治元年（一六五八）に建てたものである。

◉第四十五番　伊予岩屋寺（美川村）

大聖のいのる力のげに岩屋
石のなかにも極楽ぞある

歴代住持の供養塔

天明５年宝篋印塔

江戸前期の墓塔群

第四十六番

善福寺《ぜんぷくじ》

下八ツ林（川島町）

◉道案内
東武東上線東松山駅より
第三十四～四十八番

殿堂建立塔

下八ツ林《しもやつばやし》の善福寺は、第四十五番極楽寺から県道74号線を東方へ二キロほど行くと、集落の中から山門と本堂が現れる。本堂の前に大型板碑が半ば土中に埋もれて残り、古い寺域を感じる。『新記』によれば当寺は白雲山沙門院と号し、越生今市の法恩寺末、法流開山は栄鑁、天正九年（一五八一）寂という。

本堂の裏に当山住持の墓塔があり、寺域の周囲に堀跡が認められる。境内には枝垂桜《しだれざくら》の老樹、柏の大木、桧の老木が天を衝き刺している。山門前に寛政三年（一七九一）五月、「武蔵国比企郡八林村、村人其先為北条氏士族云」と刻された道祖土《さいど》氏の碑文がある。多数の中世文書を伝えた道祖土家の碑である。同家文書は『新記』に掲載されているが、全容は『新編埼玉県史』中世資料編に詳細である。

善福寺の奥の院は下八林村の威徳寺である。威徳寺は廃寺となり、その跡は法楽山薬師堂となっている。江戸中期の寛政元年（一七八九）三月、善福寺の住持

本堂

だった法印慧実が中興したが、その後廃絶したらしい。境内に殿堂建立塔と刻まれた大きな碑があり、碑背の文によりその事情が知られる。

この法楽山薬師堂には川島町の文化財に指定された秘仏薬師如来坐像がある。十二年に一回の開帳があり、近隣からも多くの参詣者が集まるという。また同寺には文化財指定の鰐口がある。明徳四年（一三九三）佐西郷（狭山市笹井）の熊野堂へ権律師良勝が奉納したものである。現在善福寺が管理しているという。

殿堂建立塔の隣に羽黒山・湯殿山・月山・坂東秩父・西国百番供養塔がある。天保三年（一八三二）二月、施主小川義七、願主小川儀兵衛・田中幸助が建立したものである。

同寺の墓地に寛永十二年（一六三五）田中帯刀の建立した墓塔のほか、承応・寛文の墓碑などがある。

その他、江戸時代後期に商才を発揮した江戸湯島三丁目堀川屋太郎兵衛と下八ツ林村の小川又治郎が建てた寛政三年（一七九一）の墓塔がある。

●第四十六番　伊予浄瑠璃寺（松山市）

極楽の浄瑠璃世界たくらべば
受くる苦楽は報いならまし

第四十七番

広《こう》徳《とく》寺《じ》

三保谷（川島町）

◉道案内
東武東上線東松山駅より
第三十四～四十八番

山門

三保谷《みほや》（表村）の広徳寺は、第四十六番の下八ツ林の善福寺より、県道74号日高川島線を東に進み圏央道を経て県道12号川越栗橋線の山ケ谷戸交差点を右折。新堀の信号を左折すると十字路の左に広徳寺の参道が現れる。西方には家光がたびたび観桜に訪れた名刹、養竹院の甍が窺える。『新記』によれば広徳寺は大御山西福院と号し、江戸大塚の護持院末。この地方二十六か寺の本山である。御朱印五石の寺領を認められている。

広徳寺は美尾谷四郎広徳が開基で、中興開山の宥範は応永六年（一三九九）遷化という。美尾谷氏の先祖は、平家物語や東鑑に活躍が記されているこの地方の豪族であった。

参道に入れば、天を突くような大仁王門に圧倒される。たびたびの災厄を避け、今日に伝えられた雄大な建物に感動を受ける。奥に歩を進めると重厚な禅宗様大御堂にいたる。室町時代初期の数少ない貴重な建造

本堂（金堂）

文永 11 年板碑

大きな宝篋印塔

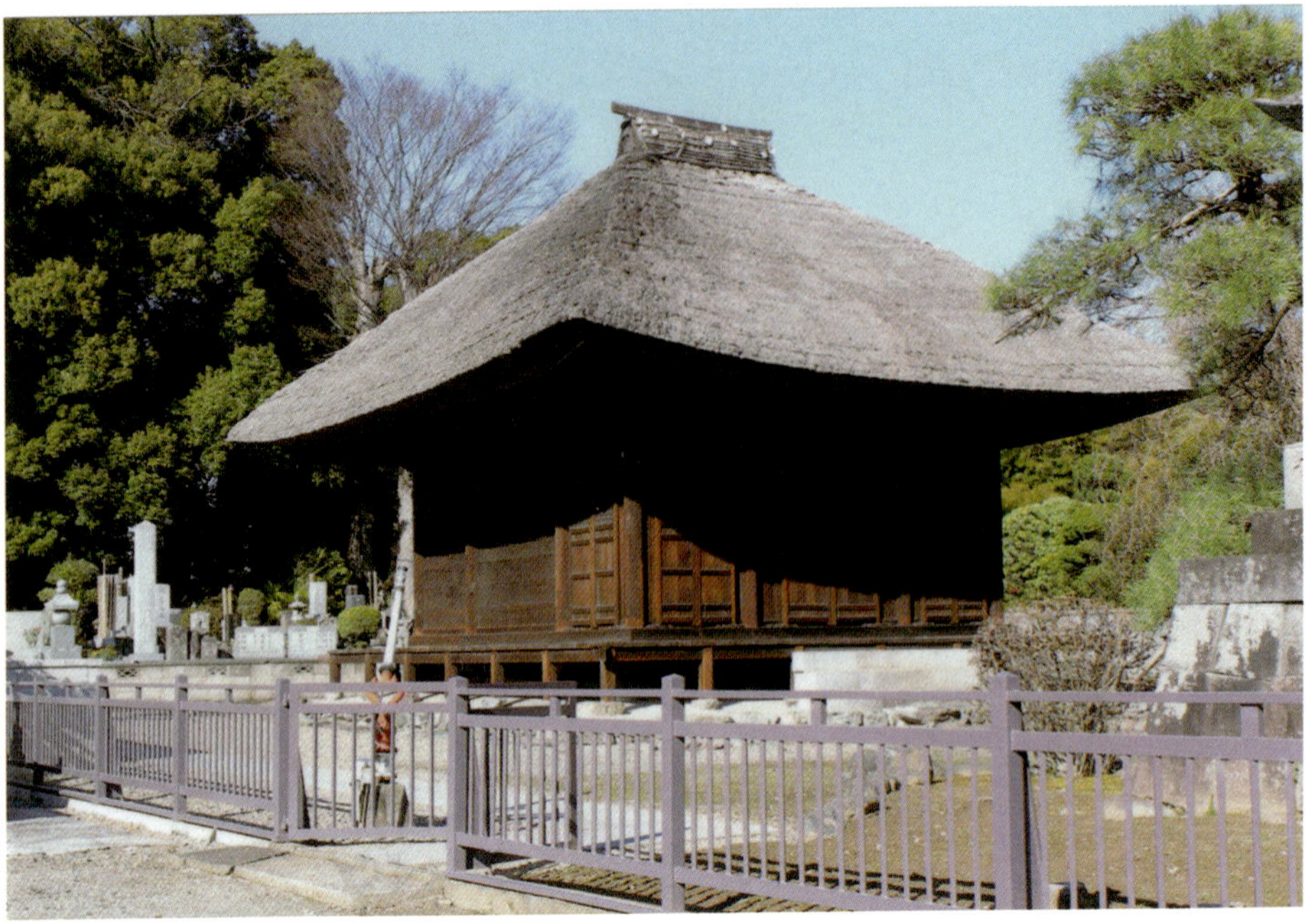

大御堂

物、国指定重要文化財だ。桁行《けたゆき》三間・梁間《はりま》三間・一重寄棟造・茅葺である。大御堂の内陣は中央に本尊阿弥陀如来坐像、脇侍は観音・勢至菩薩立像、東北と西北隅に不動明王・毘沙門天立像を安置している。

寺域の一角にある古墳の上に大型の板碑が二基、文永十一年（一二七四）、光明遍照の銘文が見られる。また、大御堂のかたわらに寛政壬子三月（一七九二）の大きな宝篋印塔がある。江戸本所中之郷長寿寺隠居秀栄が寄進したものと思われる。その他安政七年（万延元年・一八六〇）三月、広徳寺二八世が建立した「重建美尾谷広徳碑」などがある。

墓域を巡ると檀家の鈴木・小高・関・河合各家の古い墓塔や、大野・小島家の宝篋印塔は、寛永・万治など江戸初期の年号が認められる。その他、近世初期の年号が多数の無縁墓塔群に見られ、この地方が豊かな生産地帯であったことを示している。

広徳寺は山内に説明板を設け、参詣人を丁寧に導いている。有難いことである。

◉第四十七番　伊予八坂寺（松山市）

花を見て歌読む人は八坂寺
讃仏乗の縁とこそ聞け

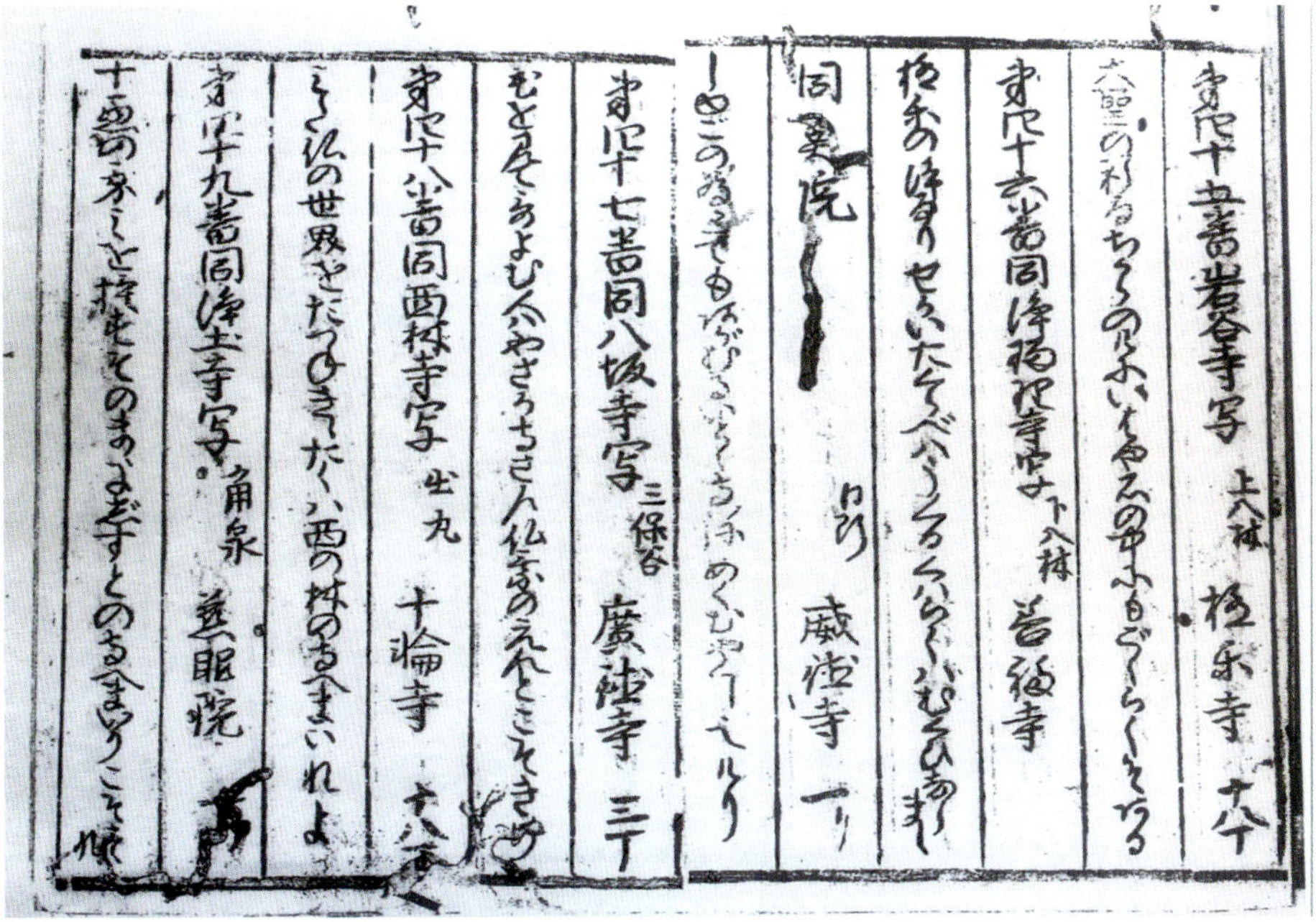

第十五番岩谷寺写　上八林　極楽寺　十丁

第十六番同浄福院寺写　下八林　普済寺

同宝院　威徳寺　一り

第十七番同八坂寺写　三保谷　廣徳寺　三丁

第十八番同西林寺写　出丸　十輪寺

第十九番同浄土寺写　角泉　善眼院

印施新四国遍路御詠歌

御影堂

第四十八番
十輪寺《じゅうりんじ》

出丸（川島町）

◉道案内
東武東上線東松山駅より
第三十四～四十八番

本堂

出丸《でまる》（出丸本村）の十輪寺は、第四十七番三保谷の広徳寺より県道12号川越栗橋線を南下し、表十字路で県道339号平沼中老袋線を東へ進み、レストラン喜代藤を左折すると、田畑の中に堂舎が見える。現在無住である。出丸村は本村・中郷・下郷に分かれている。『新記』によれば十輪寺は表村の広徳寺末で蓮王山と号した。本尊は不動明王。寺域に墓地共有者が改修記念碑を建立しているので参照する。

十輪寺墓地にある最古の年号は、享禄（一五二八～一五三一）の板碑である。したがって、戦国時代に村の生活が開始されたかと思われる。当寺の開山権大僧都円海は、正徳三年（一七一三）十月八日遷化という。以後、当寺は近代まで続いたが明治初年に廃寺になったのである。現存の堂は昭和十三年に改修されている。本尊は地蔵菩薩が安置されているが、江戸時代の本堂は不動明王であるから、それにかわり地蔵堂のみが残されたのであろうか。

墓塔群

歴代住持供養塔

墓域には古い立派な墓塔が多数残り、往時の村勢が窺われる。住持の墓地に享禄の板碑。その他、「貞享二年（一六八五）二月二十一日、法印権大僧都長誉施主敬白、本国下総国海上郡小浜村」という石塔がある。銚子辺りの出生であろうか。正保・万治・寛文など近世初頭の立派な墓石が多い。

◉第四十八番　伊予西林寺　（松山市）

弥陀仏の世界を訪ね聞きたくば
西のはやしの寺へ詣れよ

第四十九番

慈《じ》眼《げん》院《いいん》

角泉（川島町）

本堂

角泉《かくせん》の慈眼院は、第四十八番十輪寺より県道12号川越栗橋線を南下し、安藤橋より越辺川の釘無土手まで行くと、西方に堂塔が見える。参道は龍池山慈眼院という門柱から、二基の灯籠まで一直線である。『新記』によれば慈眼院は広徳寺末。山号は門柱の通りで本寺は正観音、行基の作と伝えられている。開山は本尊七世円瓊、元和元年（一六一五）十一月十七日遷化。

門を入ると古い墓石があり、宝篋印塔の塔身部に寛永三年十一月二十九日と刻まれている。なかには「日本円空　諦　元文六年正月二十一日」（寛保元年・一七四一）と刻まれた、諸国を遊行する僧の墓碑もある。

六地蔵は宝暦十年（一七六〇）十一月二十四日に造立され、その中央に安永四年（一七七五）開眼の如来半跏思惟像が安置されている。地蔵堂の中に板碑が三基あり、文明二年（一四七〇）と読める。

本堂の前に百日紅の大木と桜の老樹が並び、傍らにある大きな宝篋印塔は、享保十三年（一七二八）十一

◉道案内
第四十八番からの続き第六十八番まで
西武新宿線本川越駅からも

月吉日、願主宗信・名主猪鼻六郎右衛門・その他による造立だ。

本堂も新観音堂も新しく明るい寺域である。

慈眼院全景

慈眼院は昔から絶えず水害に見舞われたという。越辺川・入間川の北岸地域の村の宿命であった。明治四十三年の大洪水では堂舎も水没し、本尊様も流されたが、近所の老婆によって助けられたという話は有名である。

◉第四十九番　伊予浄土寺（松山市）

十悪の我が身を捨てずそのまゝに
浄土の寺へまいりこそすれ

江戸初期の墓塔

第五十番

弘善寺《こうぜんじ》

上狢（川島町）

◉道案内
第四十八番からの続き第六十八番まで
西武新宿線本川越駅からも

墓地

上狢《かみむじな》の弘善寺は、第四十九番慈眼院より東方の釘無《くぎなし》へ向かい、稲荷大明神より安藤川に沿って北へ行くと、わずかにして県中央防災基地の十字路前が行人橋だ。行人橋とは往古、弘善寺持ちの薬師堂、別名行人堂があったことに由来する。先方の道路わきに大きな宝篋印塔が見える。寛延二年（一七四九）に建立されたものである。参道に入ると傍らに水路があり、明和三年（一七六六）の庚申塔もある。

境内に入ると弘善寺はなく廃寺。境内の建物は上狢集落センター、地区の集会場になっている。

弘善寺は広徳寺末。法雲山普門院と号し、開山は不明だが中興開祖は海宥といい、宝暦十四年（明和元年・一七六四）遷化である。この地域一帯は入間川に面して比企・入間の郡境だが、大半は川越藩領であった。そして往古は境内も墓地も、堀と土塁に囲まれていたようである。南西の境界にその遺構が認められる。

墓地に宝暦四年（一七五四）の宝篋印塔が二基あり、

歴代住持供養塔

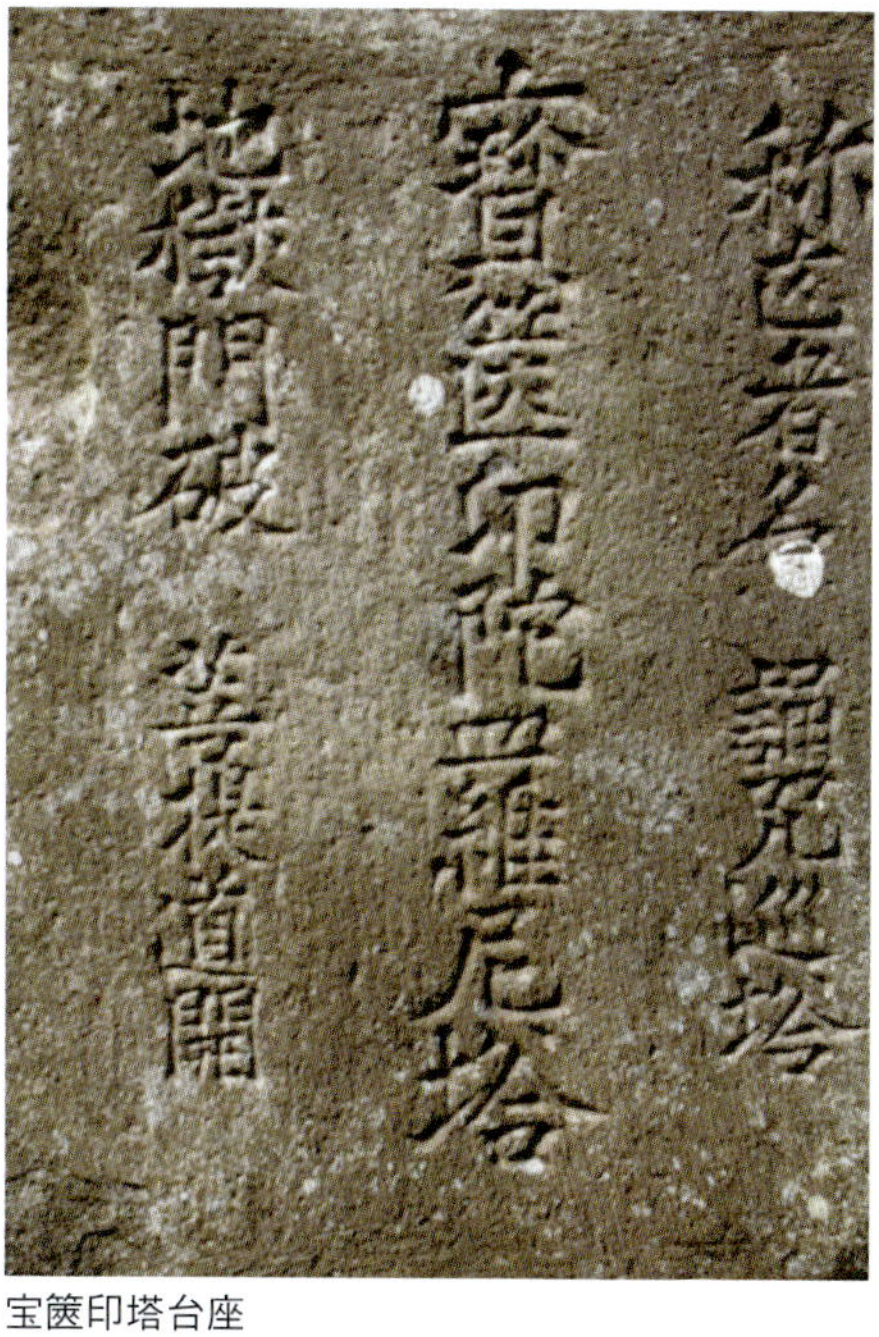

宝篋印塔台座

塔身に「宝篋印陀羅尼塔、地獄門破、菩提道開」と刻まれている。平成十二年、檀家の人々は六地蔵・弁財天を新たに造立し、覆屋に安置、供養を続けている。

◉**第五十番　伊予繁多寺（松山市）**

よろずよの繁多なるともおこたらず
諸病なかれと望みいのれよ

第五十一番

大《だい》福《ふく》寺《じ》

平沼（川島町）

本堂

平沼《ひらぬま》の大福寺は、第五十番の弘善寺より行人橋に戻り、西方の角泉十字路の北方、平沼中老袋線の平沼交差点を左折すると前方に本堂が見える。長い参道の入り口に地蔵尊がある。大福寺は上井草の金乗院末寺で本尊は地蔵である。

境内は整備されて明るく、右手の庭園に地蔵尊の大六角塔があり見事である。「寛文五年（一六六五）十月、奉造立六地蔵念仏施主」と刻み、平沼村の造立者の連名などが認められる。

本堂は昭和五十四年に改修され記念碑があり、碑背に「拝みて知るや仏の温かさ」と、前住持、故栗原仲道の句が刻まれている。また境内の一角に愛犬塚の碑があり、胡秋（仲道印）の「逝く狗の耳にとどくや夏祭」が眼をひく。

寺の前に墓地が広がり、古くからの位置取りのまま、墓石が並び、集落の展開を推測させる。檀家の矢部・木村・森田・小久保などの各家の墓があり、なかでも

◉道案内
第四十八番からの続き第六十八番まで
西武新宿線本川越駅からも

板碑２基断碑

矢部家の十七基が最も多い。

墓地には六地蔵が二列あり、また板碑も二基認められるが、いずれも下方が折れている。住持の墓所に下部欠損の宝篋印塔があり、施主相心弟子と認められる。また矢部家の墓の外れに、寛永十八年（一六四一）、権大僧都快覚法印の墓石がある。矢部家から出た大福寺の住持であろうか、すべて不明である。当寺も古い墓石は寛文・延宝頃からのものである。

◉**第五十一番　伊予石手寺（松山市）**

西方をよそとは見まじ安養の
　寺に詣りて受くる十楽

六角塔地蔵尊

第五十二番

大聖寺《だいしょうじ》

伊草宿（川島町）

山門

伊草宿《いぐさじゅく》の大聖寺は、第五十一番大福寺より県道76号に出て、南の上伊草・伊草前の交差点を経て伊草公民館に向かうと、前方に美しい山門が見える。門の左に古い地蔵尊と馬頭観音の石塔が数基認められる。かつて道端に建てられた碑を保存するため寺に寄進したのであろう。檀家の優しい思いやりだ。

大聖寺は草芽山（藺草山と記した時代もあった）自性院嶋之坊と号し、石井の大智寺末である。

広大な山内の中央に本堂が鮮やかに存在感を放っている。本堂には鎌倉時代の武将比企能員《ひきよしかず》の守り本尊、千手観音銅像を祀っている。比企能員の娘若狭局は二代将軍頼家の子、一幡を生んだが、のちに能員は、頼家の後嗣をめぐる争いにより建仁三年（一二〇三）九月二日、北条時政に謀殺された。

本堂左に「大聖寺の薬師さま」と近隣の人々に親しまれる薬師堂がある。この薬師堂は、三代将軍家光が鷹狩のために設けた、御茶屋の古材を用いて建てられ

◉道案内
第四十八番からの続き第六十八番まで
西武新宿線本川越駅からも

本堂

薬師堂

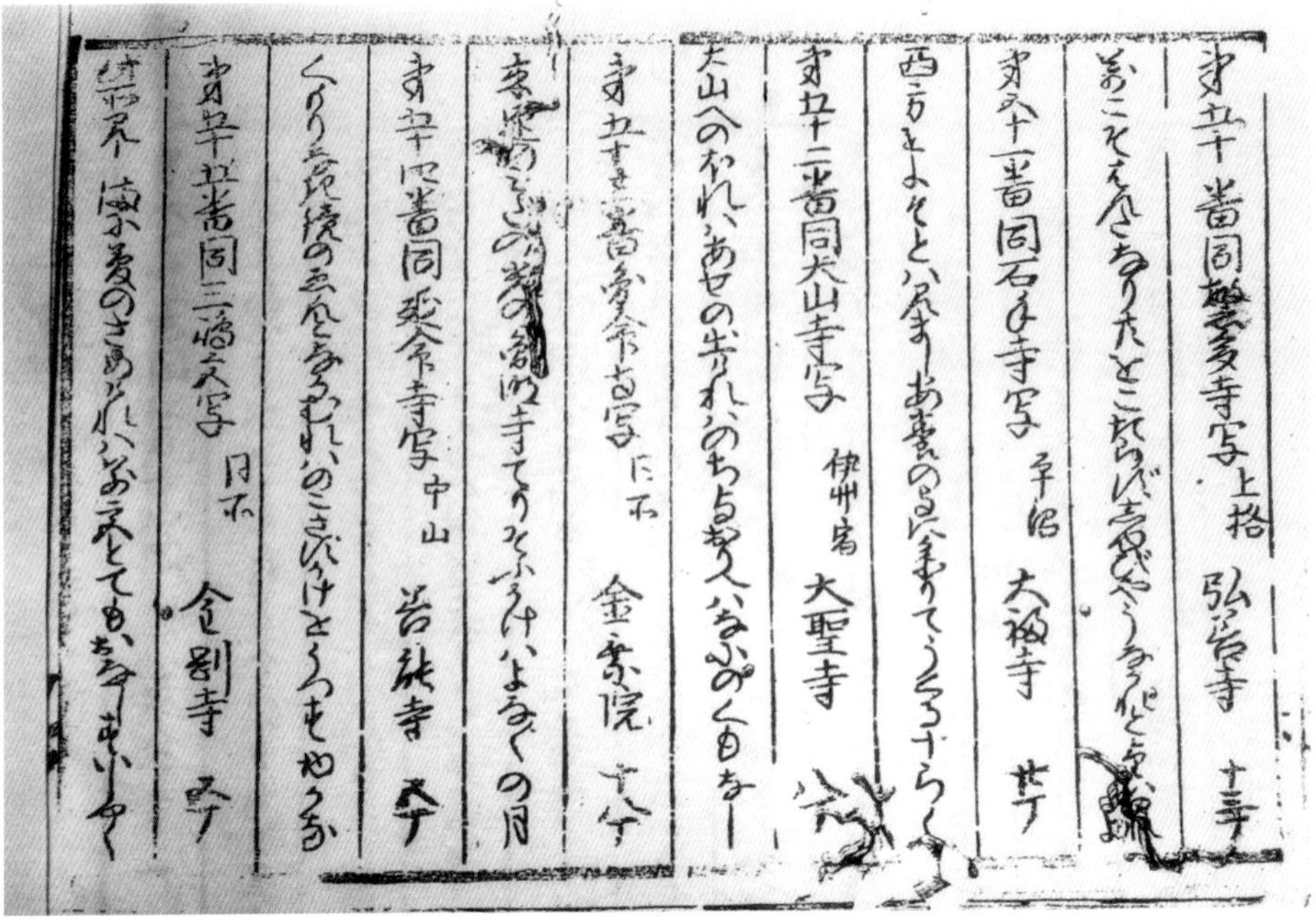

印施新四国遍路御詠歌

たものである。

大聖寺はもと比企郡宮鼻村にあったが、天正年間（一五七三〜一五九一）当所へ移され、石井村大智寺八世の俊恵僧正が隠居し、その弟子俊円が文禄元年（一五九二）住職となり、法流を相続して中興開山第一世になり、寛永十年（一六三三）遷化という。

俊円は碩学名僧の誉れ高く『新記』に「此僧高徳の聞えありて、大猷院殿御帰依ましまし此辺御遊猟の時しばしば渡御ありしにより、御茶屋を営せられ、御遊猟ごとに必ず御憩息ありしとなり」とある。すなわち家光が深く帰依した高僧だった。大聖寺の境内に茶亭を設け、俊円や川越城主が茶を献じたのである。俊円が遺した「御成日記」によれば、家光は元和九年（一六二三）より寛永八年（一六三一）まで、川越から鴻巣辺で鷹狩りに興じたようだ。

大聖寺本堂の前に大きな宝篋印塔がある。寛政十二年（一八〇〇）七月、願主武田氏と刻まれている。また墓地には近世前期の墓塔が多数みられる。檀家小島家の宝篋印塔や五輪塔に慶長十四・五年の年号が刻まれている。伊草宿は川越より松山道の渡船場があり、また定期市が存在した交易の要所だったので、豊かな村だったようだ。

墓地

◉第五十二番　伊予太山寺（松山市）

太山へ登れば汗の出でけれど
後の世思えば何の苦もなし

六地蔵尊

第五十三番

金乗院《こんじょういん》

伊草宿（川島町）

本堂

上伊草《かみいぐさ》の金乗院は、第五十二番大聖寺より旧道を伊草小学校・伊草公民館へ出て、道場橋東詰を西に歩むと左手に大伽藍が見える。金乗院は土袋山普門寺と号し、高野山龍光院末。金乗院の草創は永仁五年（一二九七）、高野山から俊鑁上人が東国教化のために当地へ参り、人々を勧誘して当寺を開山されたと伝えられている。

この地は往古、井草郷（伊草郷）と称し、岩槻城主太田氏の知行下にあった。村内旧家に残る永禄・元亀・天正（一五五八～一五九二）の古文書が『新記』に二十数通収載され著名である。したがって徳川家康は関東に入国すると翌、天正十九年（一五九一）、金乗院に寺領十九石の朱印状を与え、前代からの村と寺の権威を認めている。

境内に入ると池の周囲が萱などに覆われ暗く、水底も計り知れない。長い年代を経た寺の一角である。

金乗院は本堂をはじめ諸門も昭和三十五年に新築さ

◉道案内
第四十八番からの続き第六十八番まで
西武新宿線本川越駅からも

れている。観音堂は比企西国札所十四番だ。本堂前に三界万霊碑が、元禄六年（一六九三）、念仏供養のために建立されている。傍らの梅の古木が見事である。

墓域には貴重な弥陀三尊図像板碑が存在する。剝落や欠損部分があるので不明な箇所もあるが、額部の日月や来迎印の阿弥陀如来が蓮座に立ち、像の後部から四十三本の放光が認められる。脇侍の菩薩は下部が欠損したまま台座に接合されている。

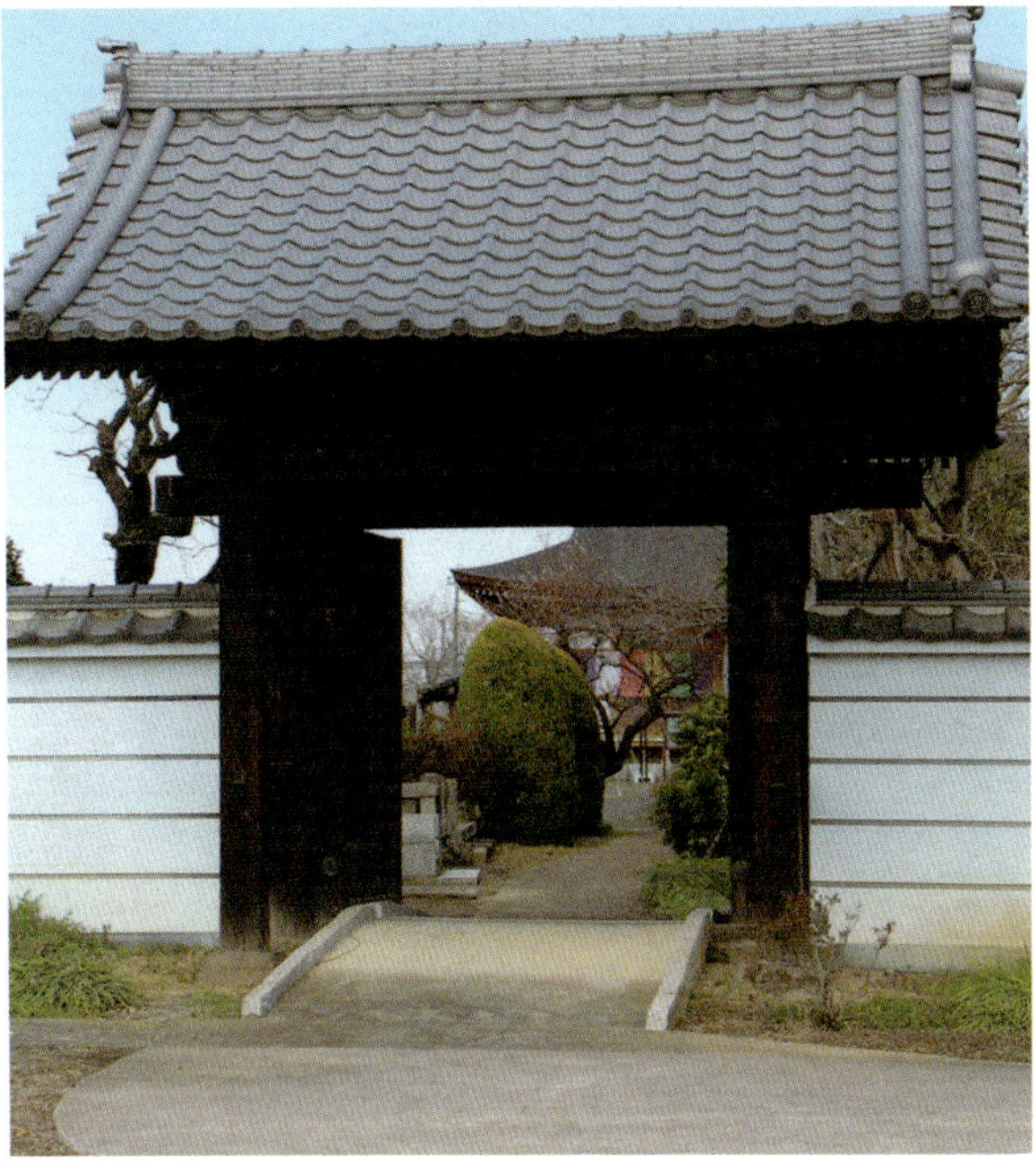

山門

その他、檀家の中村家墓地に宝暦八年（一七五八）、施主中村吉左衛門という大きな宝篋印塔がある。それに接して板碑が二基みられるがすべて折れたままである。石田家の墓地にも古い墓塔が多く、また伊藤家には明暦三年（一六五七）の五輪塔がある。

◉第五十三番　伊予円明寺（松山市）

来迎の弥陀の光の円明寺
照りそう影は夜な夜なの月

檀家宝篋印塔

第五十四番

善《ぜん》能《のう》寺《じ》

中山（川島町）

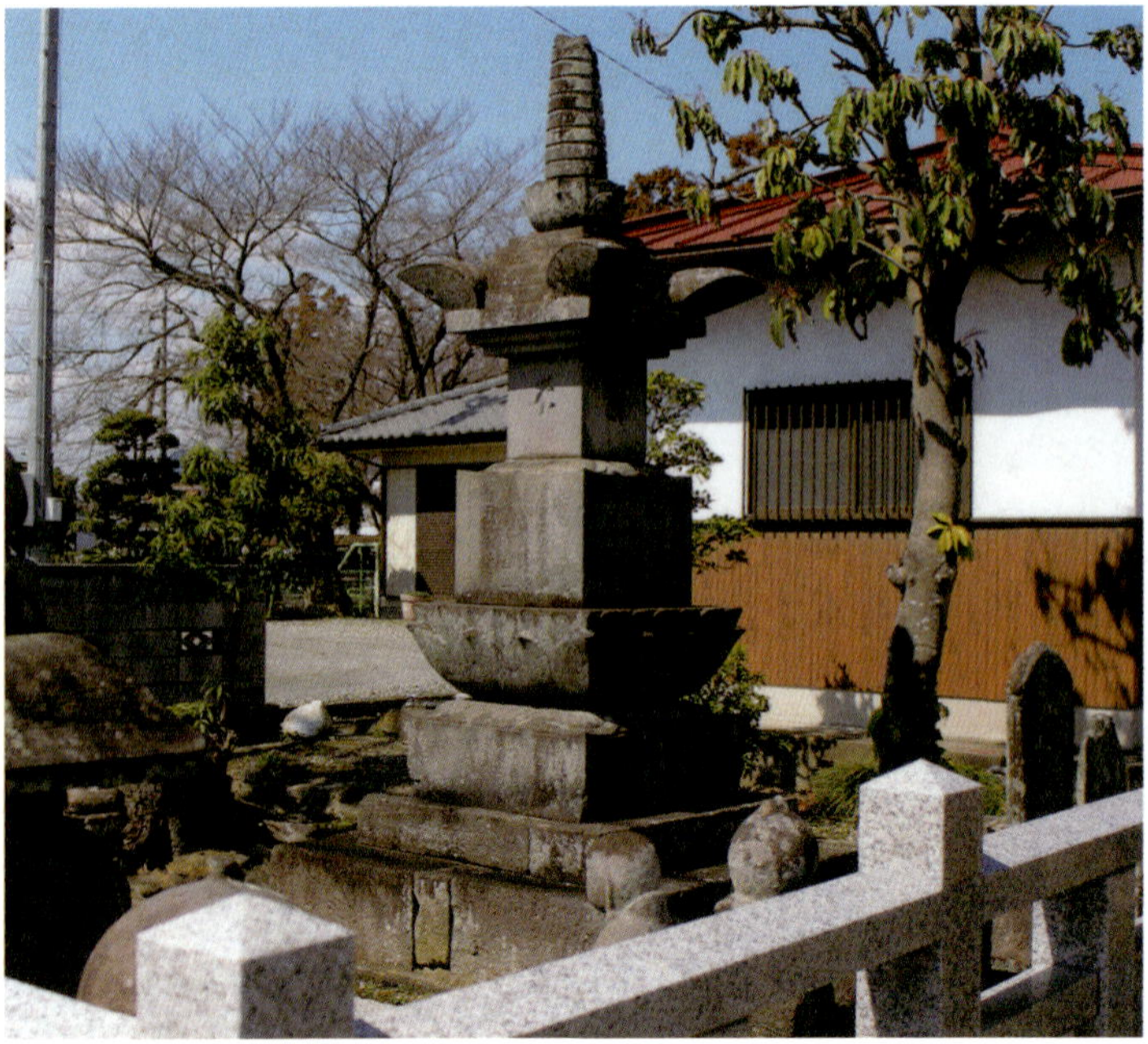

享保４年施主１万人宝篋印塔

中山《なかやま》の善能寺は、第五十三番金乗院前の県道、岩殿観音南戸森線を西に進み、中山郵便局を経て利根川幼稚園を越え、川島工業団地を左に見て、信号を右折すると氷川神社とともに道路に面している。

寺域の北は、五十五番金剛寺方面から連なる川島の広大な水田である。善能寺は中山の宮本集落の一角に位置し、道路ひとつを境にした水田に寺影を浮かべている。

善能寺は石井の大智寺末寺で守護山と号し、山門を入ると左に建つ板碑四基と、大宝篋印塔の存在が印象的である。宝篋印塔は享保四年（一七一九）、施主すべて一万人とあり、願主は俊隆沙弥である。俊隆が広域にわたる托鉢をして造立されたものであろう。

山門左の住持歴代の墓域に、正徳三年（一七一三）、法印権大僧都隆廓などの墓塔がある。

寺域の東は広大な水田地帯であり、川島囲堤内の豊かな檀家を背景にもつ寺院である。

◉道案内
第四十八番からの続き第六十八番まで
東武東上線坂戸駅からも

善能寺全景

◉第五十四番　伊予延命寺（今治市）

くもりなき鏡の縁とながむれば
残さず影をうつすものかな

板碑４基

第五十五番

金《こん》剛《ごう》寺《じ》

中山（川島町）

金剛寺遠景

中山《なかやま》の金剛寺は、第五十四番善能寺より北方の水田地帯にある。善能寺前より水田に沿って道なりに北へ進み、新道を越えると五叉路に出る。眼前に現れる杉と竹の森が金剛寺の裏山である。金剛寺は清月山元光院と号し、石井の大智寺末だ。

表に向かう住宅地の細道から山門を入ると、梅・桜の老樹が生い茂っている。

境内の一角に宝篋印塔があり、「安永四年（一七七五）十一月、中山村金剛寺現住隆慶代、施主上井草村松本藤三郎、取持中山村山崎善右衛門」と刻されている。当村の山崎氏が周旋人になり、上伊草村松本氏が建立したものだ。本堂の東に鐘楼と大日堂がある。鐘楼は近代に再建され、大日堂は古い様式を伝えている。

堂の裏は竹藪と雑木に覆われた比企氏の墓域である。鎌倉時代の比企氏の館跡と伝えられ、空堀の跡も残り、古い墓塔を囲んでいる。北條氏に滅ぼされた比企能員の末裔という一族の墓である。

◉道案内
第四十八番からの続き第六十八番まで
東武東上線坂戸駅からも

山門

本堂

大日堂

近世初期の墓塔を見ると、当寺中興の比企左馬助則員の元和二年（一六一六）三月十九日歿、法名元光の石塔をはじめ、寛永十九年（一六四二）八月八日、比企郡中山住比企氏の宝篋印塔などは、石の表に鳥居を彫りつけている。寛文十一年（一六七一）十月六日、比企藤右衛門重員。延宝八年（一六八〇）三月五日、頑悦道在信士、比企次左衛門尉藤原久員、家人町田江右衛門久正などの碑により、比企氏の菩提所とわかる。

比企能員は北条氏に謀殺されたが（第五十二番大聖寺参照）、遺児のひとりを岩殿観音堂の別当が密かに養育し、建保六年（一二一八）遺児は十七歳になって上洛、順徳天皇に仕えたが、天皇の佐渡配流後、比企一族は越後に暮らし十数代を経たという。

その後、比企左馬助政員が戦国大名の家臣となり、その子左馬助則員は上田上野介朝広に仕え、常陸・下野の合戦で戦功をあげ、先祖の旧領地、比企郡に本拠を移している。

そして則員は慶長六年（一六〇一）福井藩において家康の二男結城秀康の家臣となりのち、病のため比企郡中山村にもどり晩年を過ごした。家康は慶長十八年（一六一三）川越へ鷹狩りに出ると、本多佐渡守正信に命じて、則員の病気治癒のために万病丹百粒を与え

比企氏代々の墓塔

ている。三年後の元和二年三月十九日、則員は中山村において死去した。五十九歳だった。法名元光と刻む墓塔がそれである。

家康が則員を見舞ったのは、槍の名手として生き抜いた武士が、おのれの二男秀康の家臣として働いたからである。則員の子、次左衛門義久は父の由緒をもって幕臣への推挙をもとめたが成功せず、二代将軍秀忠の寛永九年（一六三二）、八十石を支給されて御弓奉行となった。その子藤右衛門重員も秀忠に仕え大番役に昇進して、寛永十年、武蔵国において四百石の知行地を与えられた。寛文十一年の墓石が重員である。延宝八年（一六八〇）の墓石は重員の子、大番組頭になった次左衛門久員である。その後、子孫は墓石を建てなかったようである。

暗い竹藪の中の墓塔群は、鎌倉時代に活躍した比企氏の末裔にあたる一族が、江戸時代に残した歴史の一断面である。

◉第五十五番　伊予南光坊（今治市）

このところ三島に夢のさめぬれば
別宮とても同じ垂迹《すいじゃく》

第五十六番

延《えん》命《めい》寺《じ》

中山（川島町）

◉道案内
第四十八番からの続き第六十八番まで
東武東上線坂戸駅からも

本堂

中山《なかやま》の延命寺は、五十五番金剛寺の西方の、天神社前を通り新道を左折すると、整備された寺域が眼に入る。山門から本堂東の広々した児童遊園地が一望に見渡せる寺域は、かつての隆盛を偲ぶことができる。延命寺は三嶽山普門院と号し、大智寺末。

現在、平地となった本堂裏手の、伐採された木株の残る地帯はやや窪地で、水田地帯の屋敷の特徴を示している。山門の左に当山住持歴代の墓域が展開する。大きな宝篋印塔をはじめ、元禄四年（一六九一）正月、法印権大僧都弁恵。元禄十二年（一六九九）三月、法印権大僧都勢宥、などの墓塔と古い墓石が残されている。

◉第五十六番　伊予泰山寺（今治市）
みな人の詣りてやがて泰山寺
来世の引導たのみおきつ、

墓塔群

康永の板碑

第五十七番

正福寺《しょうふくじ》

南園部（川島町）

◉道案内
第四十八番からの続き第六十八番まで
東武東上線坂戸駅からも

山門より本堂

南園部《みなみそのべ》の正福寺は、第五十六番延命寺の北方にあり、県道74号線の北側にある。拡幅された県道が次第に細くなり、古い集落の中を進むと、右手に短い参道がある。正福寺は石井の大智寺末。勅王山薗徳院と号している。

山門に勅王山の扁額が掲げられている。山門を潜ると左に八基の板碑が安置され、寺院も集落もその古さが偲ばれる。本堂前に享保四年（一七一九）の宝篋印塔があり、施主従五位下攝津守三枝氏源守綱と刻されている。宝永七年（一七一〇）より文化八年（一八一一）まで南園部村を知行した旗本で、『柳営補任』によると高七千五百石、中奥小姓であった。

住持の墓地には開山俊哲などの大きな五輪塔が二基、板碑二基、寛文・延宝期の法印権大僧正の墓塔が建ち並ぶ。檀家墓地には利根川家と安田家の碑が多い。板碑三基が認められる利根川家の墓碑銘によれば、同氏は丹波国園部に住し、その後、越後春日野に出て上

五輪塔

享保４年宝篋印塔

杉氏に仕え、さらに、この地へ移住したと記している。

◉第五十七番　伊予栄福寺（玉川町）

この世には弓矢を守るやはたなり
来世は人を救う弥陀仏

本堂

第五十八番
光勝寺《こうしょうじ》

赤尾（坂戸市）

地蔵

赤尾《あかお》の光勝寺は、第五十七番南園部の正福寺より県道74号の日高川越線を西に、吹塚を経て越辺川の天神橋を渡り、堤防に沿って右折すると小道の先に墓地が見える。墓を管理する建物が残るのみで寺院建築は無い。車で墓参する場合は天神橋より赤尾金山の信号を右折し、赤尾中学より、曹洞宗成就院を訪ね、同寺の許しを得て駐車場を拝借しないと、光勝寺への道は通行できない。

光勝寺墓地の入り口に六地蔵があり、欠けたままの塔も見られる。墓地に面して二基の宝篋印塔があり、右は寛保元年（一七四一）一月、光勝寺現住宗慧、願主赤尾村大沢甚右衛門父法印応住と刻まれている。左の塔は天明三年（一七八三）正月の建立である。

光勝寺の檀家墓地には林家の大きな墓石や大沢家・山崎家の墓石が多い。墓地入り口左の山崎家墓地に、侠客で著名な「赤尾の林蔵」の墓がある。

『中山道上尾宿敵討裁許』という史料によれば、赤

◉道案内
第四十八番からの続き第六十八番まで
東武東上線坂戸駅からも

寛保元年・天明３年宝篋印塔

侠客赤尾林蔵墓塔

尾の林蔵は北武蔵に勢力を張った大貸元・博徒の親分だった。文化元年（一八〇四）近郷の高萩村富五郎らに父親の仇敵とされ、殺害された。浪曲・講談などにより口演されたが、昭和三十二年（一九五七）市川右太衛門主演「侠客赤尾の林蔵」（東映）で評判になった。いまでも墓参をする人が多く墓前に散銭が絶えないそうだ。墓石には「文化元年三月三日、桜樹院道秀了覚居士霊位、武州入間郡赤尾村、俗名山崎林蔵、行年二十六歳、施主同人妻むら、施主山崎岩五郎」と見える。

◉第五十八番　伊予仙遊寺　（玉川町）

立寄りて作礼のみ堂に休みつつ
六字を称え経を読むべし

第五十九番

東光寺《とうこうじ》

小沼（坂戸市）

◉道案内
第四十八番からの続き第六十八番まで
東武東上線若葉駅からも

参道

小沼《こぬま》の東光寺は、第五十八番光勝寺より南へ、日高川島線に戻り右折し、溝越橋を左折すると字小沼の集落に入る。さらに南下し雷電塚古墳を目標に歩めば、榎の大木が現れ、東光寺の生垣に至る。

東光寺は勝呂の大智寺末、薬王山と号す。本尊は享保十八年（一七三三）彫刻の木造不動明王坐像である。開山は詳らかでないが、伝承によれば承安元年（一一七一）里人の開基という。

境内に入ると蓬莱池があり、池畔に大きな紅葉、その傍らに覆堂の六地蔵、右に慈母観音と仏足石がある。美しい本堂の左に宝篋印塔と地蔵尊が安置されている。墓地に向かう左に薬師堂がある。

古来、この地方は水害に遭うことが多かったという。本堂の裏に大きな塚があり小祠が祀られている。古墳か水除けの塚であろう。

檀家の話によれば、塚の西方の低い堀まで洪水が押し寄せても、本堂裏まで上れば助かったという。

本堂

◉第五十九番　伊予国分寺（今治市）

守護の為建て、あがむる国分寺
いよいよ恵む薬師なりけり

宝篋印塔と地蔵尊

第六十番

法《ほう》音《おん》寺《じ》

小沼（坂戸市）

本堂

◉道案内
第四十八番からの続き第六十八番まで
東武東上線若葉駅からも

小沼《こぬま》の法音寺は五十九番の東光寺前を東に出て月島屋の十字路を右折、圏央道に向かって進み、側道の手前を左折すると大きな仁王門が見える。仁王門の階上は鐘楼形式になっている。なお、別に四柱の鐘楼は境内にある。同寺は恵日山と号し、勝呂の大智寺末である。本尊は不動明王、開山は『新記』に栄海と記されているが、境内の碑には、文亀二年（一五〇二）六世俊鑁開山となっている。

碑文によれば本堂は天正二年（一五七四）焼失。以後、仮本堂であったが、享和元年（一八〇一）、現本堂が建立されたという。それ以前、元禄四年（一六九一）、現山門が建立され、翌五年、現観音堂が建立されたという。往時の建造物が今日まで伝えられたことがわかる。

古式な山門を入ると左に六地蔵が並んでいる。宝暦七年（一七五七）施主丸山氏と刻まれている。新しく設けられた七福神もあり、左に元禄の観音堂、前に銀杏二本、裏に大榎木が聳えるように枝を張っている。榎木の根元に聖天堂があり、灯篭に元禄十四年（一七〇一）十二月小沼村小河代次郎と刻まれている。

僧の墓地に寛永六年（一六二九）九月寂、第七世法印大僧都幸海の墓石がある。また地蔵菩薩石像は、正徳三年（一七一三）十二月、施主小沼村法音寺現住俊昌が建立したものである。

山門

檀家墓地に入ると、この地方に医学と病院を広めた小川家の、巨大な宝篋印塔が並び立ち、寛永から慶安頃より、近代にいたる大墓塔群である。この地方を代表する墓塔であり、壮観だ。

◉第六十番　伊予横峰寺　（小松町）

たて横に峰や山辺に寺たて、
あまねく人を救うものかな

歴代住持供養塔

第六十一番

忠榮寺《ちゅうえいじ》

横沼（坂戸市）

檀家墓塔

横沼《よこぬま》の忠榮寺は六十番法音寺を出て、圏央道坂戸ＩＣの側道を南に行くと三芳野小学校前の信号に着く。十字路に面したコンビニの隣に、天台宗勝光寺の本堂が見える。ここより畑一枚を越えて忠榮寺の参道がある。わずかの距離だ。

忠榮寺は伊草の金乗院末である。本堂の前に桜の巨木が枝を広げ、花の頃は爛漫と咲き誇る風情に、県道より立ち寄る人も多いそうだ。

境内に立つ「忠榮寺本堂新築記念碑」によれば、檀家一同の協力により平成元年に建築を、同二年に仏具を納め、竣工したことがわかる。

参道を入ると左に六地蔵尊が、文政六年（一八二三）権大僧都法印隆賢の時代に建立されている。檀家墓地を見ると斎藤家・正木家・辻家・中島家など、寛永より寛文期の古い墓塔が見られる。中島家の墓地に宝篋印塔があり、宝暦五年（一七五五）八月吉日、横沼村願主中嶋又兵衛と読める。僧の墓域に板碑が三基ある。

◉道案内
第四十八番からの続き第六十八番まで
東武東上線霞ヶ関駅からも

本堂

そのひとつに「応安七年（一三七四）七月十五日、忠榮坊少僧都宥円結衆三十三人」と刻み、横沼村に暮らした中世の人々の様子が窺える資料となっている。

◉第六十一番　伊予香園寺（小松町）

後の世をおそる、人は香園寺
とめて止まらぬ白滝の水

応安７年忠榮坊少僧都宥円の板碑

古い墓塔群

第六十二番 長福寺《ちょうふくじ》

紺屋（坂戸市）

◉道案内
第四十八番からの続き第六十八番まで
東武東上線霞ヶ関駅からも

紺屋《こうや》の長福寺は第六十一番忠榮寺より三芳野小学校前十字路を南下し、東坂戸団地のなかの十字路を左折すると、長福寺への小径となる。車幅ほどの道は路肩が水田に接し、むかしの村と変わらないようだ。田畑越しに県営住宅が夕日を隠しているが、心を休める散歩道である。境内の広場が住民に提供されている。夏は木陰となり、また冬の陽光は人々を広場に誘うであろう。紺屋村は村内を入間川・小畔川・越辺川が流れ、水路の便に恵まれたが、水害を受けることも多かったようだ。それに加えて長福寺は火厄に遭い往時の大堂はないが、水田に張り出した高所の一角に、古い村落の歴史を語る墓塔や礎石が遺されている。

山門の前に明治末期、県庁から県内の小学校に配られたメタセコイアが五本植えてある。境内入り口には桜の老木が一本、かつての面影を伝えている。

長福寺は新義真言宗、三宝山実蔵院と号し、石井の大智寺末、本尊は大日如来である。本堂左手に富士見

本堂

堂があり、観世音菩薩立像・第十七番薬師如来立像が安置されている。

本堂落慶記念碑によれば、長福寺は地方に見られないような本堂・庫裡・観音堂・愛宕七社明神などを擁したが、弘化三年（一八四六）三月十八日、近村の失火の飛び火によって、すべて灰燼に帰したという。

山内入り口の地蔵尊は、宝暦四年（一七五四）、施主慈円直入淨久沙弥、施主紺屋村栗原兵右衛門ほかによって建立されている。同じく、六地蔵は寛延元年（一七四八）栗原庄右衛門ほかの供養によって建立されている。墓地正面左側、歴代住僧の墓に五輪塔・宝篋印塔が古色蒼然と並び立ち、檀家熊沢家の墓地には、板碑をはじめ古形の墓碑が見られ、また吉野家に、嘉暦三年（一三二八）十一月一日の板碑が遺る。墓地右方の小林家墓地に、寛永四年（一六二七）の墓碑、右入り口の石原家墓地に三基の宝篋印塔があり、寛永二十年（一六四三）、正保三年（一六四六）の年号が認められる。近世初頭より紺屋村は豊かな地域だったようだ。

◉第六十二番　伊予宝寿寺（小松町）

さみだれのあとに出たる玉の井は
白露なるや一宮かわ

第六十三番

永命寺

下小坂（川越市）

無縁墓塔群

永命寺は下小坂《しもおさか》にある。第六十二番紺屋の長福寺より県営東坂戸団地を経て、さかど療護園より下小坂交差点を南に行くと、水田の小道が参道に連なっている。整備された境内の中央に、美しい本堂が現れる。薬樹山瑠璃光院永命寺である。

境内の右手に新しい観音像と並び、江戸時代前期の大きな宝篋印塔が二基見られる。

左手の墓地入り口には大型美麗な地蔵菩薩石像がある。寛文十二（一六七二）壬子年十月十三日、武州入間郡小坂村の有力村民が施主となり建立したものである。背後に大型の青石塔婆が認められる。地蔵堂にも小型板碑が保存されており、古村の面影をみる。

永命寺の墓地には江戸時代前期の石塔が多数存在し、その規模、石材、石工の巧みな技に感動をおぼえる。小坂村の檀家平野家・増田家・木所家などの墓所に残る、釈迦仏石像の美しさはまことに個性的である。また増田家の墓塔は一列に並び、五輪塔より宝篋印塔

◉道案内
第四十八番からの続き第六十八番まで
東武東上線霞ヶ関駅からも

本堂

へ、次に舟形の墓石へと移る。中世より近世へと移行する墓碑の一形式を偲ぶことができる。

永命寺の本尊は木造不動立像、弘法大師作と伝えられ、中興開山俊意は寛永十三年（一六三六）正月に寂すという。境内左手に薬師堂があり木造薬師立像は行基の作と伝える。大きな厨子は荘厳な感じをあたえ、扁額には医王堂と刻まれている。

◉第六十三番　伊予吉祥寺（西条市）

身の中の悪しき悲報を打ちすて、
　みな吉祥を望み祈れよ

寛文12年地蔵菩薩

第六十四番

慈《じ》眼《げん》寺《じ》

中小坂（坂戸市）

◉道案内
第四十八番からの続き第六十八番まで
東武東上線鶴ヶ島駅からも

慈眼寺全景

中小坂《なかおさか》の慈眼寺は、第六十三番下小坂の永命寺より北に進み、県道256号片柳川越線を西へ行き、川越堺の標識を右折すると、彼方に枝垂桜の老樹が見える。慈眼寺だ。

当寺は由城山福聚院坂の房と号し、勝呂の大智寺末である。中興開山可説の遷化は不明だが、二世俊良は明暦二年（一六五六）寂すという。

境内は長い参道が北に延び、小高い雑木林を背にして古寺の面影を伝えている。参道の右に上部欠損の宝篋印塔があり、享保十六年（一七三一）十一月八日の建立である。

本堂前の枝垂桜は坂戸市の指定記念樹であり、約二百年を経ているという。

慈眼寺の裏手にひろがる墓地の一角に当山先師の墓塔が並び、左に古い宝篋印塔や檀家の墓石が見られる。そのひとつに寛永七年（一六三〇）九月二十二日「円満院能悟弘安居士　施主増田助右衛門」と刻まれている。

本堂前のしだれ桜老木

慈眼寺の位置する中小坂は、川越市方面に突き出た坂戸市分であり、南は川越市下小坂となる。

◉第六十四番　伊予前神寺（西条市）

前は神後は仏極楽の
よろずの罪をくだく石づち

歴代住持供養塔

第六十五番

正音寺《しょうおんじ》

上広谷（鶴ヶ島市）

◉道案内
第四十八番からの続き第六十八番まで
東武東上線若葉駅からも

上広谷《かみひろや》の正音寺は、第六十四番慈眼寺より西方の広谷小学校を経て広田橋に向かって歩き、県道39号川越坂戸線を越えれば正音寺前に着く。若葉駅からは改札左へ徒歩、わずかの距離だ。正音寺は広谷山と号し、石井の大智寺末である。

正音寺前の交差点から垣間見れば、山門を覆う桜の老樹が見事である。花の季節の絢爛とした境内を想い、感情が高ぶるようだ。桜の根元に「鶴ヶ島学校跡」の小碑があり、江戸期の寺子屋から、明治十七年鶴ヶ島学校分教場となる、近代教育の曙を知らせてくれる。

正音寺はこの地方の有力な土豪武士茂呂氏と関係が深く、弘治二年（一五五六）十一月八日、茂呂源正春の「宝正院殿直応自覚居士」という市内最古の墓塔が存在する。また同墓所には慶長十四年（一六〇九）十一月十日「興元院淨雪善教居士覺位」、同十六年七月二十三日「蓮台院華実常珍居士不生位」などの古い墓塔が見られる。

正門

本堂

弘治２年毛呂源正春墓塔（左）

茂呂正春の墓塔の右に元禄十四年（一七〇一）「法印権大僧都隆栄　不生位　施主宝元坊長龍寺、下広谷村小嶋七兵衛　五味ヶ谷村岸田和兵衛」という有力農民が建立した寺僧の墓塔がある。

◉第六十五番　伊予三角寺（川之江市）

おそろしや三つの角にもいるならば
心をまろく弥陀を念ぜよ

第六十六番

満《まん》福《ぷく》寺《じ》

太田ヶ谷（鶴ヶ島市）

◉道案内
第四十八番からの続き第六十八番まで
JR川越線笠幡駅からも

山門

太田ヶ谷《おおたがや》の満福寺は、第六十五番正音寺より南公民館を経て、南方の鶴ヶ丘より関越自動車道の先を左折すると、旧川越街道に面して塀に囲まれた墓地が現れ、道路の傍に石塔が点在している。寺は慈眼山喜見院と号し、天台宗仙波中院末である。開山開基は詳らかでない。本尊は千手観音である。

満福寺は山門から本堂まで明るい空間を保ち、左には鐘楼が改修されて美しい。境内には地蔵と宝塔があり、寛政二年（一七九〇）四十八世法印応海造立と認められるので、相当古い寺院である。山門の傍らに板碑が二基存在する。碑面が荒れて刻字は不明だ。

満福寺に沿った旧川越街道には新田稲荷社があり、その傍らに安永五年（一七七六）九月に建立された馬頭観音、寛政二年（一七九〇）八月惣村中で土橋を石橋に替えた「石橋三拾ヶ所供養塔」などがある。この供養塔は満福寺前に建てられ道標になっている。

「東川越道・南江戸道、是より北、小川道・坂戸道・

本堂

鐘楼

是より西、はんのふ道・子のごんげん道」と読める。

また、文化十二年（一八一五）の廻国供養塔が、肥前国三根郡の宗教者刑部の願いをくみ、太田ヶ谷と周辺の村民有志の助力により建立されたことがわかる。江戸時代の村民が宗派を問わぬ、温かい宗教心をもっていた様子が窺われる。これら三基の石塔は別々に残されていたものであろう。現在地に集めて覆屋を造り、保存に配慮している。

◉第六十六番　讃岐雲辺寺（池田町）

はるばると雲の上なる寺に来て
　月日を今は麓にぞ見る

第六十七番

延命寺《えんめいじ》

笠幡（川越市）

◉道案内
第四十八番からの続き第六十八番まで
JR川越線笠幡駅からも

山門

延命寺は笠幡《かさはた》にある。第六十六番太田ヶ谷の満福寺より旧川越道を小畔川の寺橋に出て、JR笠幡駅前まで行くと、延命寺が見える。桜などの大樹に覆われた参道の諸仏を拝しながら山門を潜ると、大きな本堂、美しい庫裏と庭園が展開する。広大な境内は、この地域が、中世以来の土豪武士の基盤として成立した時代を髣髴《ほうふつ》とさせる。

延命寺は幡霊山法護院と号し天台宗仙波中院の末、本尊は地蔵である。開山元二は貞治五年（一三六六）九月十日入寂という古刹である。これを証する宝篋印塔台座に「大興開山元二邊公和尚、貞治五年丙午九月十日」と刻まれている。中興開山は南光坊天海僧正、その後、法孫豪海が住持となり天和三年（一六八三）三月十三日に寂した。

境内左手には鐘楼が基壇上に立ち、傍らに大きな宝篋印塔がある。宝暦四年（一七五四）閏二月、現住明慶の造立と見え、蓮台下には檀家の信女・童子・童女

延命寺全景

がぐるりと刻まれているのが珍しい。また寺域には地蔵尊石像が多い。檀徒が造立したものである。

明和四年（一七六七）丁亥十月二十四日、笠幡村名主神田助五郎・同発知荘兵衛が発起し、村内施主により造立した如意輪観自在尊像など、荘厳な仏像群である。

発知家の墓には引又町の肥料米穀商人西川四郎左衛門・西川寛右衛門・井下田藤左衛門が、文久三年（一八六三）に奉献した灯籠もあり、地方豪商と村の地主の経済関係が深かった様子が見受けられる。

歴代住持の墓域には権大僧都の墓塔が立ち並び、地方において力量を維持した寺院の状況を示している。

同所に観応元年（一三五〇）七月の、大きな青石板碑が建ち、他に明徳・享徳・永正などの小型板碑五基が見られる。『新記』には「寺中に観応・応永の古碑存せり」と記されている。

◉第六十七番　讃岐大興寺（山本町）

植え置きし小松尾寺を眺むれば
法の教えの風ぞ吹きぬる

第六十八番

三明院《さんみょういん》

池辺（川越市）

本堂前の古池跡

三明院は池辺《いけのべ》にある。第六十七番笠幡の延命寺より県道15号川越日高線を東に進み霞関小学校を右折、八瀬大橋より東に行くと池辺の熊野神社が見える。同社は村の鎮守であり江戸時代には三明院持ちであった。同社北側に目を転ずれば三明院がある。参道の脇に石造の巨大な仁王像が立つ。奥の本堂・庫裏とともに明媚である。

本堂の前に古井戸状の遺構があり、古木の株が残る。往古、池辺村には大池があり、江戸時代に押堀淵・梶原淵という池跡が見られたという。村名もその由縁であるが、境内の遺構も池に所縁を感じさせるのである。三明院は勝呂の大智寺の末、観池山地蔵寺と号している。この寺は昔、三日月山と号したが後に観池山と改め、月と日の二字を合わせて明とし、三明山と呼ぶようになったという。『新記』によれば、開山の年暦は不明ながら、宥慶なる住持が元和七年（一六二一）六月十八日に寂すと記されている。その後、中興開山隆

◉道案内
第四十八番からの続き第六十八番まで
西武新宿線南大塚駅からも

三明院全景

恵が享保九年（一七二四）八月十三日入寂。古くより本尊大日如来を安置しているという。

境内の西に歴代住持の墓塔が建ち、剃落のため明らかではないが、寛永七年（一六三〇）当寺開山刻という江戸時代初期の形式をもつ墓塔が存在する。風土記の元和七年との異同をみるが、元和・寛永以前に草創されたのであろう。寛文十年（一六七〇）の大型卵塔もあり、江戸前期の隆盛が偲ばれる。同所に存在する宝篋印塔は享保二十一年（一七三六）三月に建立されている。中興開山隆恵の寂後十四年を経た頃のことである。

参道に沿って墓域が拡がり、江戸時代前期の墓塔が数多くみられる。また境内の南隅に積まれた無縁の墓塔にも承応・寛文・延宝・元禄などの年号があり、庶民の墓塔造立意識が浸透したことを示している。水田地帯の高い生産力が農民に余裕をもたらしたからであろう。

なお、寛政三年（一七九一）の庚申塔・文政四年（一八二一）の日本回国供養塔などが注目される。

●第六十八番　讃岐神恵院（観音寺市）

笛の音も松吹く風も琴弾くも
歌うも舞うも法の声々

第六十九番

広福寺《こうふくじ》

奥富（狭山市）

◉道案内
西武新宿線新狭山駅より
第六十九～七十一番

本堂

奥富《おくとみ》の広福寺は、第六十八番池辺の三明院より八瀬大橋南を経て、入間川大橋を渡り、右方の奥富小学校隣りが広福寺である。駅からの道は新狭山駅北口より16号線を越え、西の十字路を左折すると大きな楼門が見える。門の階上が鐘楼で、均整のとれた建築だ。広福寺は天台宗川越仙波中院末、薬王山地蔵院と号している。当寺は過去帳によれば、永正十一年（一五一四）天台沙門実海寂が開基とされているが、明らかになるのは永禄十一年（一五六八）、開山尊栄の時代以降のことである。

広福寺が著名になったのは第五十二番川島の大聖寺（本書一二八頁）と同様に、鷹狩りに興ずる家光一行を迎えてからのことである。大聖寺の俊円が記した「御成日記」や『新記』によって、大聖寺の茶亭、養竹院の観桜、広福寺の休息などが知られる。

鷹狩に際し家光は六度も広福寺を訪れたという。『新記』によれば、元和九年（一六二三）十一月七日、寛

山門

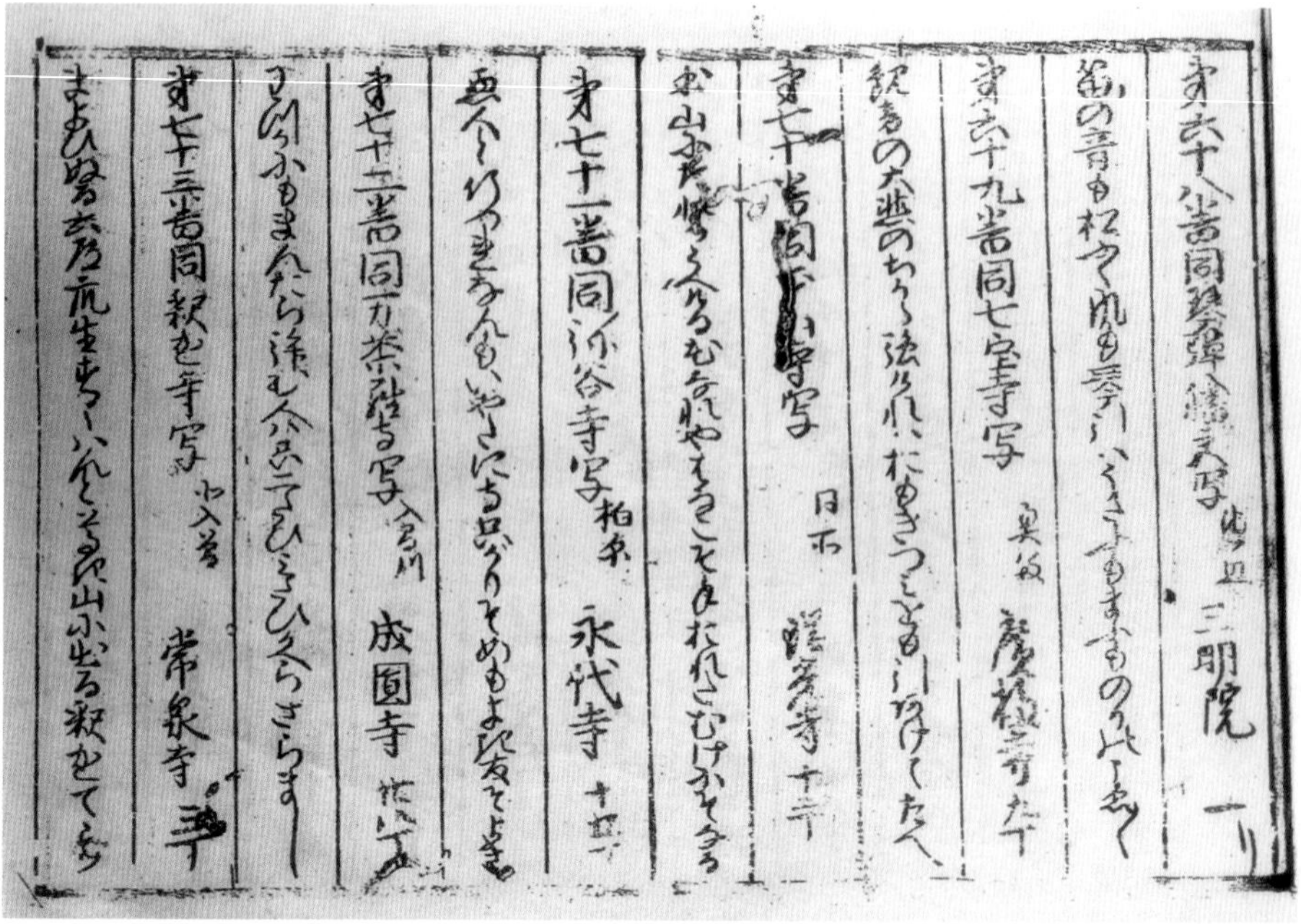

印施新四国遍路御詠歌

永元年（一六二四）十一月十五日、同二年二月十一日、同三年二月八日、同四年二月十三日、同七年二月十五日をあげている。広福寺周辺における家光の鷹狩は『徳川実記』の記事とほぼ合致する。

家光は寛永九年の大御所秀忠の死去以後、川越周辺の鷹狩をひかえたため、その後、藩主松平伊豆守信綱は、「家光御休息の間」を広福寺に下賜、寺の客殿に用いるようにとの指示であった。この著名な客殿は後年災厄のため失われてしまった。

参道から見上げる広福寺の山門は見事である。『新記』も楼門上に架けた銅鐘について安永三年（一七七四）九月鋳造と記している。山門は現在、狭山市の指定文化財である。同門は、「表門諸入用帳」によって文化元年（一八〇四）上棟式が行われ、二八一両二分二朱を要したことがわかる。説明板によれば、文化二年（一八〇五）に完成し、山門と鐘楼が一体化した鐘楼門で、袴腰《はかまごし》（建物を下で支える台形の土台）は漆喰白壁塗り、上層部は格天井《ごうてんじょう》の鐘楼で勾欄《こうらん》を巡らし、入母屋造り瓦葺き、総欅の竜宮造りという珍しい建築である。広福寺の説明によると、中国渡来の雨亭という人物が描いた杉戸絵があり、同人は文化二年に亡くなっているので、山門建築の様式に関係し

家光御祠の梅と井戸

地蔵尊像

たかも、という見解があるようだ。

門を入ると古木の大きな梅があり、傍らに古井戸の遺跡がある。やはり『新記』にこの紅梅は家光が美しい花色に感激したので、里人は「御祠の梅」と称し敬ったが、年を経て枯れ、現存の樹は、蘖《ひこばえ》（親木の株から出た芽）より成長した古梅であるという。家光は傍らの井戸水を用いて茶席を催したそうだ。

幕末の動乱期、水戸出身の章意和尚が清河八郎をかくまって、その危機を救った話はよく知られている。

●第六十九番　讃岐観音寺　（観音寺市）

観音の大悲の力強ければ
重き罪をも引き上げたまえ

第七十番

瑞光寺《ずいこうじ》

上奥富（狭山市）

山門

上奥冨《かみおくとみ》の瑞光寺は、第六十九番広福寺の南方、梅宮神社を経て狭山環状道路を越え、右折すると白壁の塀が現れる。当寺は龍殿山成就院と号し、勝呂の大智寺の末、開山は明らかでないが、寺の記録によれば第十四世広海、慶長十九年（一六一四）遷化という古寺で、本尊は大日如来である。

瑞光寺は山門より周囲を白壁の塀で回り、美しい佇《たたず》まいである。正面に本堂、右に鐘楼がある。鐘に寛延元年（一七四八）の銘を刻むと『新記』にある。左に大銀杏が天を衝いて立ち見事。

入り口の左に地蔵尊、右に観音像があり享和二年（一八〇二）壬戌七月の建立である。塀の右に六地蔵が祀られている。宝暦十三年（一七六三）八月、村内檀家が建てたものである。

山門の左右に法灯があり、享和元年（一八〇一）に奉納されている。

境内の観音堂は均整のとれた建築美、その右に宝篋

◉道案内
西武新宿線新狭山駅より
第六十九〜七十一番

本堂

筆子建立の墓

印塔を配し、宝暦八年（一七五八）龍殿山成就院瑞光寺辰祐代と刻まれている。その一角に増益《ぞうえき》地蔵尊・薬師・弁天の堂宇がある。

庫裡の前に桧葉《ひば》の老木などがあり、手入れの行き届いた美しい庭園である。

瑞光寺所蔵の紙本着色両界曼荼羅二幅（金剛界・胎蔵界）は、室町時代以前の貴重な寺宝で、狭山市指定文化財である。

◉第七十番　讃岐本山寺　（豊中町）

もとやまに誰が植ける花なれや
春こそ手折れたむけにぞなる

第七十一番

永代寺《えいたいいじ》

柏原（狭山市）

◉道案内
西武新宿線新狭山駅より
第六十九〜七十一番

本堂

柏原《かしわばら》の永代寺は、第七十番瑞光寺より狭山大橋を渡り、柏原十字路を右折、笠幡狭山線のJA柏原支店の左を入ると山内に至る。永代寺は金宝山龍護院と号し、勝呂の大智寺末。開山は正増坊と伝え、詳細は詳らかでない。中興の聖長は享保十九年（一七三四）遷化という。本尊は不動木像、脇侍も共に定朝の作であった。そのほか、多数の宝物を蔵したが、安永年間の災厄によって失われたと伝えられている。

永代寺の境内は大銀杏が県道からも見えるので、参道は狭いがすぐわかる。境内の右の覆屋に地蔵が安置されている。そのひとつに安永五年（一七七六）とあり、同寺の檀家一同が寄進している。ここに見られる丸彫の地蔵菩薩は、ふるさと柏原歴史会の説明板によれば、寛政三年（一七九一）に柏原の増田権七の発願により建てられた、霊場巡拝供養塔である。

覆屋の傍らに大きな宝篋印塔がある。寛延二年（一七四九）十一月、願主江戸浅草今戸西誉善了と刻まれた文字が読み取れる。江戸の僧が建てた塔である。

柏原は高麗郡に属し古代から要衝の地で、越後・信濃より鎌倉への往還にあったという。室町・戦国の時代も刀剣・槍などを製する柏原鍛治の存在が知られていた。また、柏原上宿の南に砦跡《とりであと》という小高い城塞があり、鎌倉時代よりたびたびの合戦に登場する。永代寺は背後が小高い丘陵であり、要衝の一角をなしていたようである。

墓域には古い墓塔が多数みられ、『新記』にも記されている「永和四年（一三七八）戊午二月日」という板碑が残る。なお、同寺の木造不動明王及び二童子立像は玉眼入り寄木造りの名品で、市の文化財に指定されている。

墓地の入り口に院展日本画家小谷野浩一の新しい墓碑がある。

寛政３年地蔵菩薩石像

◉第七十一番　讃岐弥谷寺　（三野町）

悪人と行連なんも弥谷寺
只かりそめも善き友ぞよき

永和４年板碑

第七十二番

成《せ》円《えん》寺《じ》

入間川（狭山市）

成円寺地蔵堂のある徳林寺

入間川《いるまがわ》の成円寺は廃寺となり場所は明らかでないが、狭山市駅前の狭山市中央公民館跡地辺りだったようだ。当寺は天竜山薬王院と号し、石井の大智寺末。村内に四社をもつ別当寺だった。その一は入間川八幡社、これは元弘三年（一三三三）、新田義貞が出陣のおり勧請した社で御朱印五石一斗。その二は牛頭天王社、村の鎮守で御朱印三石七斗余。その三は木曽義仲の嫡子清水冠者義高の霊を祀り「東鑑」に記す八幡社。その四は諏訪社である。しかし、廃仏毀釈に遭遇し成円寺は廃寺されることになった。

寺の開基は不明だが中興開山は辰慧といい、享保十四年（一七二九）二月四日遷化した。狭山市社会教育課の吉田氏の御教示によれば、成円寺は中央公民館跡地辺りにあり、壺の中から備蓄銭が八千枚も出土し、一部は市立博物館に展示されている。また成円寺の地蔵尊は徳林寺に移されているとのことであった。徳林寺は、第七十一番柏原の永代寺より、県道２６１号笠

◉道案内
西武新宿線狭山市駅より
第七十二～七十九番

幡狭山線の昭代橋を渡ると市民会館へ着く。同所の市立図書館に上がると、白壁に囲まれた大伽藍が見える。徳林寺だ。

山門を入ると、左に美しい地蔵堂がある。本尊は大きな石の地蔵尊である。暗い堂内を調べると「元禄六年（一六九三）癸酉二月二十四日、権大僧都法印辰慧」と、背後の衣下に刻まれている。享保十四年に遷化した、成円寺の中興開山の辰慧が造立したものである。

成円寺にあった地蔵堂

現在、第七十二番成円寺の仏跡はこの大きな地蔵尊のみである。

●第七十二番　讃岐曼荼羅寺　（善通寺市）

わずかにも曼荼羅おがむ人はたゞ
ふたたびみたびかえらざらまし

徳林寺の板碑群

本堂

第七十三番

常泉寺《じょうせんじ》

北入曽（狭山市）

◉道案内
西武新宿線狭山市駅より
第七十二～七十九番
西武新宿線入曽駅からも

北入曽《きたいりそ》の常泉寺は、狭山市の徳林寺地蔵堂より西武新宿線狭山市駅を越えて県道50号所沢狭山線の北入曽野々宮神社を左折すると、前方に常泉寺の本堂が現れる。近くに七曲りの井戸、常泉寺末の観音堂がある。常泉寺は蔵王山観音院と称し、高麗の聖天院末である。

門を入ると左に古い石塔が数基建っている。庚申塔は文政三年（一八二〇）、村の講中が寄り合って建てたものだ。元文二年（一七三七）二月の大乗妙典六十六部供養塔も当村講中と刻まれている。

頭部に円い飾りをつけた石塔は「百万遍成就塔　入曽村」とあり、その背面に、

「新四国七十三番　南無遍照金剛　文政七星宿甲申八月吉日之建」

と刻まれている。文化九年（一八一二）、越生今市の法恩寺山主が新四国の八十八霊場を開闢してから十年後のことである。百万遍といえば浄土教徒が弥陀の名号を唱えるものと、一般には言われているが、真言宗

新四国七十三番南無遍照金剛と刻む

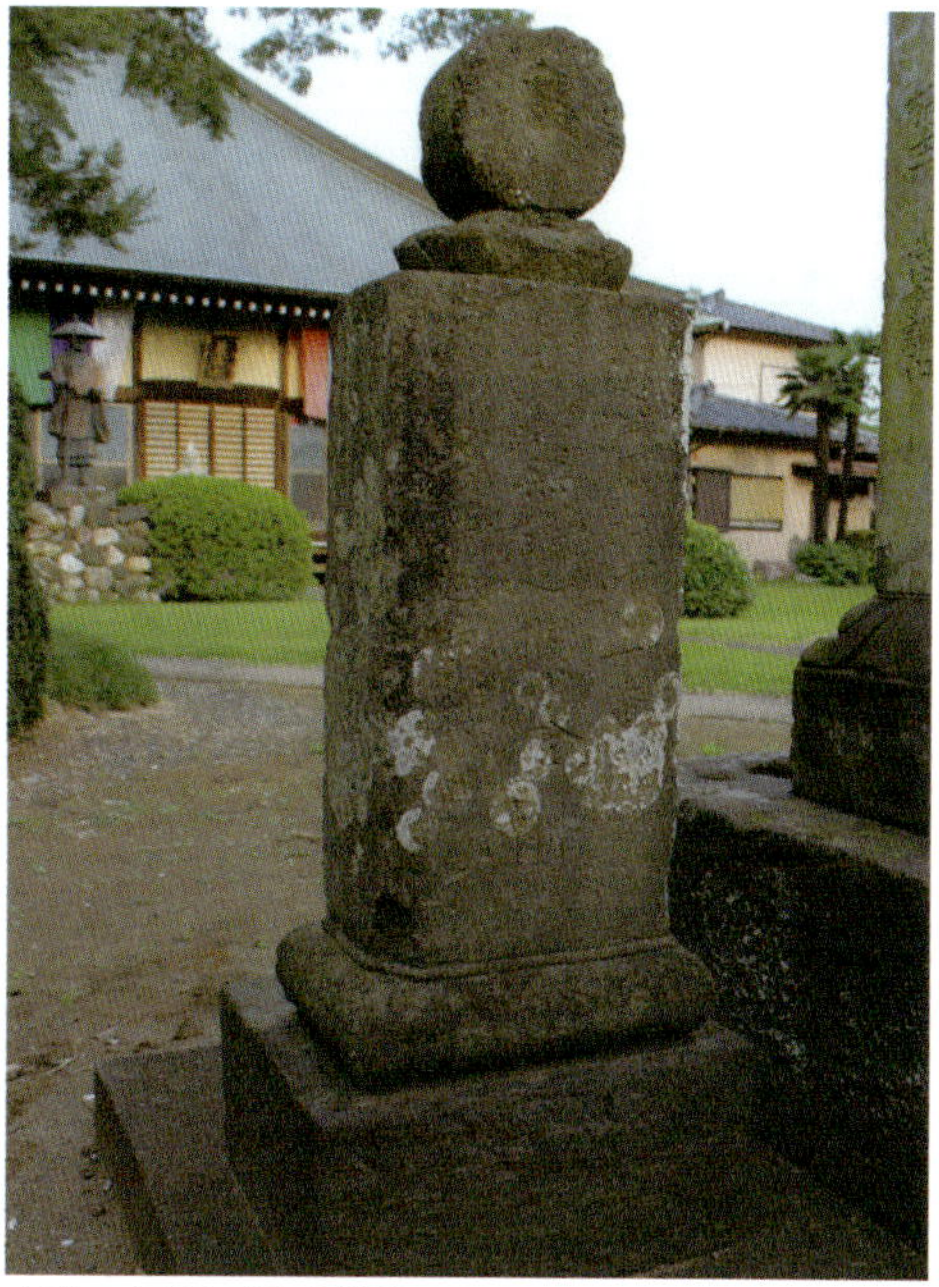

文政７年百万遍成就塔

の当寺の檀家は南無遍照金剛と唱え、それを成就した記念の石塔であろう。また、新四国七十三番の入曽村常泉寺の檀中が、法恩寺より聖天院まで八十八霊場の巡礼を成就した記録でもあろうか。前掲、第二十三番熊井の満願寺の項で述べたように、村人は連れだって霊場札所を参拝していたのである。

北入曽村における記念すべき石塔の建立を、常泉寺代々住僧の墓塔によって検討すると、天保十一年（一八四〇）に遷化した、法印即誉の時代に該当するようである。

◉第七十三番　讃岐出釈迦寺　（善通寺市）

迷いぬる六道衆生救わんと
尊き山にいづる釈迦寺

第七十四番

金剛院《こんごういん》

南入曽（狭山市）

山門

南入曽《みなみいりそ》の金剛院は、第七十三番北入曽の常泉寺より県道50号所沢狭山線を、南へ歩めば金剛院墓地が右側にあり、左側に同寺の通用門がある。塀に沿って左へ回れば大きな山門が現れる。金剛院は多摩の成木にある安楽寺末。御嶽山延命寺と号し、不動尊坐像を本尊としている。

山門を入ると右に地蔵尊が二体ある。左に小さな鐘楼があり、傍らに数基の石塔がある。青面金剛、天明二年（一七八二）二月吉日と刻まれている。右側に富士・浅間・立山三山供養塔巡礼という石塔もある。

左の奥まった樹木の中に、巨大な宝篋印塔がある。宝暦十四年（明和元・一七六四）三月、金剛院主と入曽村檀中が建立したものだ。八十八札所中の最大の高さであろう。

金剛院には近世初期の、武蔵野開発関係訴訟文書の写しが遺されている。各地への托鉢修行で得た知識により、高低差の無いような武蔵野原野に水を引く、工

◉道案内
西武新宿線狭山市駅より
第七十二～七十九番
西武新宿線入曽駅からも

本堂

事計画を指導していたのであろう。

●第七十四番　讃岐甲山寺　（善通寺市）

十二神味方にもてる軍には
おのれと心甲山かな

宝暦 14 年の大宝篋印塔

第七十五番

龍円寺《りゅうえんじ》

新久（入間市）

◉道案内
西武新宿線狭山市駅より
第七十二〜七十九番
西武池袋線仏子駅からも

本堂

新久《あらく》の龍円寺は、第七十四番金剛院より県道8号川越入間線を宮寺十字路まで直行し、左折北進すれば、青梅入間線の新久十字路に出る。坂道を上がれば、左手に観音堂の見事な石組みが目に入る。龍円寺は山号を龍岳山歓喜院といい高麗の聖天院末である。

江戸時代は朱印地十五石余の大寺だったが、明治三十四年の火災によりすべて烏有《うゆう》に帰し、元文六年（一七四一）の石灯籠、天保十一年（一八四〇）の水鉢などのほかは、それ以降の造立である。観音堂は大正三年（一九一四）、所沢市糀谷から移築した重厚な建築で、現在は新築されている。

広い寺内の一角にある石階段上の桜は毎年美しい花を開き、その傍らに「北武蔵茶場碑」がある。

また「北狭山茶場の碑」も石組みの中にあり、大きな根府川石に大正十三年（一九二四）内閣総理大臣清《きよ》浦奎吾《うらけいご》が題額を記し、撰文は明治二十年（一八八七）歴史学者重野安繹《しげのやすつぐ》が記し、書は松本栄一である。狭山茶に関する碑はこの地方に四基あるが、この碑は比較的新しく昭和十二年（一九三七）に建てられたものである。撰文以降、半世紀を経ていた。村人の苦労が多かったのであろう。

墓地入り口に八木謙斎の碑がある。碑文によれば、謙斎は寛政六年、新久の旧家黒米源兵衛の長男として生まれ、郷土の織物技術を研究・改良して唐桟《とうざん》という縞織り、さらに双子織を開発した。また晩年、八坂神社の神官となり地方文化の発展に寄与したのである。謙斎の顕彰碑は近代日本を代表する書家、日下部鳴鶴が揮毫《きごう》したものである。

観音堂

◉第七十五番　讃岐善通寺（善通寺市）

我すまば世も消えはてじ善通寺
ふかき誓の法のともし火

北武蔵茶場碑

第七十六番

蓮《れん》華《げ》院《いん》

黒須（入間市）

◉道案内
西武新宿線狭山市駅より
第七十二〜七十九番
西武池袋線入間市駅からも

観音堂

黒須《くろす》の蓮華院は、第七十五番新久の龍円寺より高倉寺坂を右折し、黒須郵便局を過ぎると右に塀が見える。県道の右奥に広大な寺域を周る塀が現れる。山門左の楠木の老樹は欝蒼《うっそう》と茂る。

同寺は『新記』によれば高麗の聖天院末。開山は寂蓮、『新古今集』の歌人寂蓮が建仁元年（一二〇一）東国巡行のおり、この地に堂宇を建立したという。中興開山覺常は万治元年（一六五八）十一月一日遷化という。

参道の橋を渡ると池は巨木の影で暗い。右に六地蔵尊が並び、安永六年（一七七七）の寄進である。回遊式池園の中央に弁天堂がある。池の奥に大きな宝篋印塔があり、寛永十八年妙智院宝山居士等と刻まれ、のちに文化四年、補修している。

参道に数十基の灯篭が並び、右に鐘楼がある。傍らの古びた石塔は、「南無阿弥陀仏　千日回向　延宝九年十月十七日」とあり、根岸村・入間川村の庶民三〇〇人の名前が刻まれている。この碑は道路改修の

世音山庫裡

庭園

蓮華院全景

おり、他から蓮華院境内に移されたものであろう。同様に明治四十五年（大正元年・一九一二）三月、黒須村住民が馬頭坂の急勾配を改修した「記念碑」も移されている。

かつて、蓮華院の境内は杉の大木に覆われ昼も暗い、まさに古寺という空間に在った。現在、杉と欅の大木のもとに、楓や百日紅が一段と輝き、光の射し入る先方にマンション群が立ち並んでいる。

蓮華院観音堂は本尊千手観音像で天文十六年（一五四七）の造像木札がある。また寛正二年（一四六一）の鰐口があり「奉施入武州比企郡千手堂鰐口、大越松本、願主釜形四郎五郎敬白」と刻まれている。

堂は天保六年（一八三五）再建された桁行三間・梁間四間、総欅寄棟造り、桟瓦葺で、精巧な彫刻がみられる。内陣の格天井は格間一六五枚に江野梅青（東松山市生まれの狩野派絵師）の美しい花鳥画が描かれ、一枚ごとに寄進した黒須村住民の名前が見られる。また須彌檀両脇の天井画は梅青の師匠江野楳雪の作、外陣の天井画は宮寺（入間市）出身の画家吉川緑峰の描いた龍の図である。このように観音堂は貴重な文化財である。

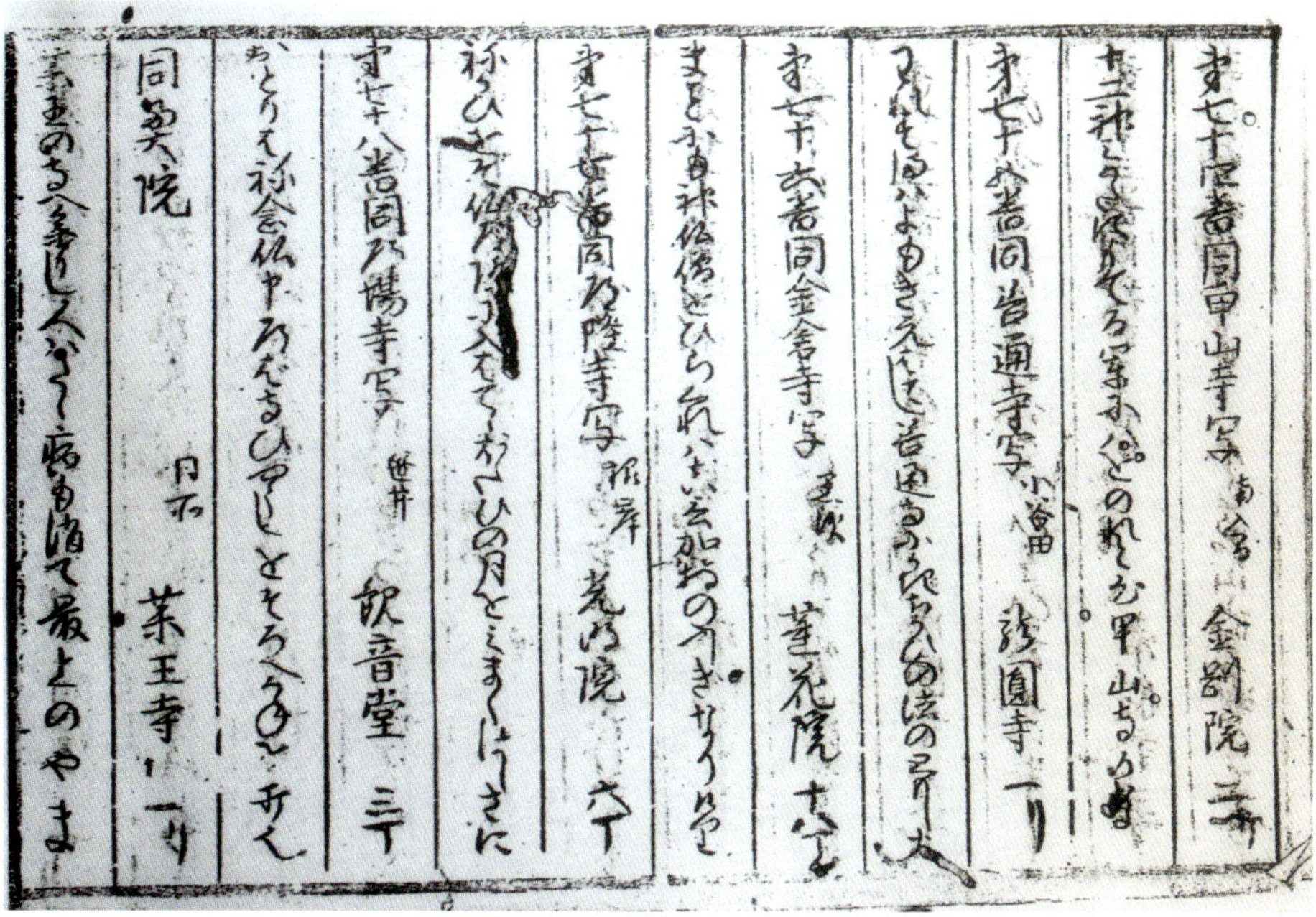

印施新四国遍路御詠歌

寛永 18 年の宝篋印塔

蓮華院の庫裡は西山門の奥、広壮な庭園のなかに世音山の掲額が輝く、武蔵野三十三所観音の第十八番納経所である。庫裡をめぐる庭園は観音堂の回廊の下に続き、参拝者の真心を写すのである。

墓地にまわると蓮華院歴代の住持墓塔がある。五輪塔・宝篋印塔が並び、中興第一世は前掲の覺常上人、第二世頼慶は寛文六年七月九日遷化である。

◉第七十六番　讃岐金倉寺（善通寺市）

誠にも神仏僧を開くれば
真言加持の不思議なりけり

本堂

第七十七番

明光寺《みょうこうじ》

根岸（狭山市）

◉道案内
西武新宿線狭山市駅より
第七十二～七十九番
西武池袋線入間市駅からも

根岸《ねぎし》の明光寺は第七十六番蓮華院の北、入間川に架かる豊水橋の対岸、桜並木に沿った狭山市根岸にある。県道に面した山門脇に、宝暦年間の厄除け地蔵尊が古式な面影で立っている。行きかう自動車の喧騒をみると、申し訳ないような感じになる。根岸はかつて八王子より日光山への例幣使街道の宿で、入間川を境とする入間・高麗の郡界であった。

明光寺は高麗の聖天院の末寺で、開山明光は明応七年（一四九八）二月二十三日寂、その後七世を経て、中興開山覺円は元和元年（一六一五）一月二十一日遷化した。天正十九年、朱印高五石を認められ、その代地八町歩が、この地より十里を隔てた比企郡古里村に存在した。

明光寺本尊は地蔵菩薩、また紙本地蔵十王図は十三幅をかぞえ、狭山市指定文化財である。寺内には多数の石塔が見られる。本堂横の三基の板碑は康安元年（一三六一）十一月十五日、他の碑も南北朝時代の造

庫裡

康安元年の板碑

立であろう。

墓地入り口に、奉納大般若経六百巻天下泰平国土安全、享保四年（一七一九）三月という石塔がある。墓地には代々の住僧の大きな宝篋印塔、あるいは五輪塔が多数認められ、圧倒される。檀家の小川家・久下家などにも、古い宝篋印塔・五輪塔が並び立っている。

明光寺は山内各所に石塔が立ち、門には六地蔵が並ぶ。天明三年（一七八三）と刻まれている。庫裡の前に寛政二年（一七九〇）孟春願主三十五世法印秀慶の大きな宝篋印塔が聳えている。また近代の句碑もある。山門を入ると堀口孝一翁句碑、「草の実やたれかににてる風化仏」。本堂の奥に、児童文学者の土家由岐雄《つちやゆきお》句碑、「おじぎして捕る野仏のほおのせみ」などがある。

本堂の北に新しい墓地が設けられて、あかるい日差しに輝いている。

墓域に入ると顕朝院大観唱導居士という墓碑を見る。元航空士官学校長・中将遠藤三郎の墓である。敗戦後、狭山の地を開墾し、農業に携わりながら、護憲・不戦・平和を説いて、生涯を送ったひとである。

◉第七十七番　讃岐道隆寺（多度津町）

ねがいをば仏道隆に入りはて、
菩提の月を見まくほしさに

寛政２年宝篋印塔

土家由岐雄の句碑

第七十八番

観音堂《かんのんどう》

笹井（狭山市）

◉道案内
西武新宿線狭山市駅より
第七十二～七十九番
西武池袋線入間市駅からも

観音堂と観音堂碑

笹井《ささい》の観音堂は、第七十七番明光寺より西へわずかの距離である。昔は本堂より直線に延びる参道が、遥かに入間川黒須の渡し場に続くほどの広域であった。現在、山門の前が国道299号線によって区画され、昔の面影はない。

笹井観音堂は文明年間（十五世紀後半）聖護院門跡道興准后が東国を歴訪したときの記録『回国雑記』に、「観音寺という山伏の坊にて、四、五日游覧しはべる」とあるので、古くより本山修験、聖護院末二十八院のひとつであった。本尊は『新記』に十一面観音と記され、金銅造り、延文三年（一三五八）の立像である。観音堂の奥院は同村にあり、最上山三光院薬王寺と号し、観音堂の執事僧である。

笹井観音堂の中世文書は県指定文化財、なかでも北条氏照関係文書は著名である。

◉第七十八番　讃岐郷照寺（宇多津町）

踊りはね念仏唱う道場寺
拍子をそろえ鉦を打つなり

第七十九番

普《ふ》門《もん》寺《じ》

川崎（飯能市）

普門寺全景

川崎《かわさき》の普門寺は、第七十八番笹井観音堂より芦苅場・川崎へと通じていたが、現在はゴルフ場周辺を廻る県道262号日高狭山線を丘陵に沿って上がると、大木に囲まれた参道が見える。大木のなかに「なんじゃもんじゃ」の樹があり珍しい。参道より池の畔を歩み、階段を上ると本堂大悲閣である。堂前に子育て地蔵が、左手には開山代々先師・中興尊慶上人、慶長二年（一五九七）の像塔がある。

『新記』に、当寺は千手山教学院と号し、横見郡今泉の金剛寺末と見える。観音堂の右に代々の僧塔が並び荘厳である。道路に面した寺域の南端に「四国八拾八仏、高麗郡第四番普門寺、弘法大師御真影」（下部断碑）という石塔がある。断碑のため不明だが、四国八十八霊場の高麗郡第四番目ということであろう。本堂左の墓地には、斎藤家をはじめ、近世初頭からの各檀家墓塔が並び、古い村の菩提寺であった様子が知られる。

◉道案内
西武新宿線狭山市駅より
第七十二〜七十九番
西武池袋線東飯能駅からも

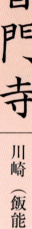

観音堂

◉第七十九番　讃岐高照院（坂出市）

十樂の浮世の中をたずぬべし
天皇さえもさすらいぞある

住持供養塔

第八十番

円照寺《えんしょうじ》

野田（入間市）

◉道案内
西武池袋線元加治駅より
第八十〜八十五番

弁天堂

野田《のだ》の円照寺は、第七十九番川崎の普門寺より南方の平松円泉寺を過ぎ国道299号線を越え、新久より一直線に南下し、元加治駅へ出る。同駅南口が円照寺だ。当寺は御朱印寺領一五石。光明山正覚院と号し、高麗の聖天院末である。駅の南入間川の崖上より五〇〇メートルほどの位置にあり、国指定重要文化財の元弘の板碑や、絵馬寺として有名である。

境内は山門の左手にある北向き不動尊は安永八年（一七七九）住持の法印眼明の時代に再建されたものである。境内は美しい池、周囲の弁天堂などがあり、参詣・散策する人が絶えない。池に沿って歩むと古い石灯篭がある。天明二年（一七八二）の建立で「奉納大乗妙典六十六部日本廻国、奉納石灯篭一基願主沙彌哲山実道」・「武州高麗郡野田村施主横田浅右衛門」と刻まれている。

国指定重要文化財の板碑は、現在収納庫にある。同碑は鎌倉幕府の御家人加治氏の供養のために建てられ

本堂

たものである。元弘三年（一三三三）五月二十二日の道峯禅門（加治左衛門入道家貞）の板碑は、鎌倉幕府の北條高時が新田義貞に攻められ敗北し、東勝寺で自刃した日にあたり、加治氏一族も共に滅びたのである。

この供養塔は一門の菩提を弔って建てたもので、碑文は弘安三年（一二八〇）北條時宗の招きで来日し、鎌倉の円覚寺を開いた無学祖元の偈《げ》（経典のなかで仏徳や教理を述べた言葉、ここでは悟りの語）と同文である。無学祖元が母国で元軍に捕えられ、斬首の危機に遭遇したとき発した偈といわれている。祖元は来日九年後に没したが、その教えは地方の御家人にも浸透し、加治氏も深く帰依していたのであろう。

中央に「元弘三年癸酉五月廿二日　道峯禅門」

左右に「乾坤無卓孤笻地　只喜人空法亦空

珍重大元三尺剱　電光影裏斬春風」

と刻まれている。

この碑の由来について、諸説を解明した千々和到『板碑と石塔の祈り』（山川出版社）は十八世紀の初頭には円照寺に存在し、この地が加治氏と深い関係にあったことを明らかにしている。なお、この碑と直接関連するものではないが、同寺の墓地から中世常滑焼《とこなめやき》、その他の蔵骨器が多数出土し、この地域が中世より住民のよりどころだったことを知らせてくれる。

●第八十番　讃岐国分寺（国分寺町）

国を分け野山をしのぎ寺々に
詣れる人を助けましませ

本堂

第八十一番

願《がん》成《せい》寺《じ》

川寺（飯能市）

◉道案内
西武池袋線元加治駅より
第八十～八十五番
西武池袋線飯能駅からも

川寺《かわでら》の願成寺は、第八十番円照寺より西へ岩沢・笠縫を経て加治小学校を左折すれば、名栗川の段丘上に住宅が並び、小高な場所に寺がある。寺域の下方に、飯能の銘酒「天覧山」で知られた五十嵐酒造も見える。台地の一角を占める本堂前の銀杏が美しい。

願成寺は『新記』に仏寿山宝幢院と号し、今泉の金剛院末であるという。川崎の普門寺と同じく、横見郡寺院の末寺である。慶安年中、阿弥陀堂領二石の御朱印を受けている。中興開山は覚誉、寛政六年（一七九四）遷化であるから比較的新しい中興である。

本堂の前に大きな宝篋印塔があり、文化十二年（一八一五）に建てられたようだ。境内に大型の板碑が七基、五輪塔が一基ある。鎌倉時代より南北朝期の造立で市指定文化財である。したがって、願成寺は中世初期に開基され、その後ひととき衰勢の期間があったのであろう。

そのほか、川寺村には願成寺の北に、第八十番円

円照寺奥院大光寺本堂

鎌倉時代の板碑

照寺の奥院大光寺が存在する。大光寺は能満山広幢院と号し、聖天院の末である。開山重慶は応安元年（一三六八）遷化であるから古寺である。同寺は慶安年中、願成寺と同様、朱印地二石を虚空蔵堂領として安堵されている。大光寺には鉦鼓《しょうこ》を枠にかけて打ち念仏を唱える「双盤念仏《そうばんねんぶつ》」を伝え、市指定民俗文化財である。

虚空蔵堂は桜の大樹に囲まれ、前に見事な宝篋印塔があり、また明和三年（一七六六）の六地蔵がある。大光寺本堂の静かさと、虚空蔵の賑やかさは対照的。境内の金毘羅大権現も立派である。

裏手の墓地の一角に大きな宝篋印塔が見える。天保五年（一八三四）、施主は椙田惣治郎である。この塔は虚空蔵堂の塔と同じである。檀家の椙田家や小高家の墓地に、化成・天保期の大きな五輪塔がある。江戸後期、この地方で活躍した豪農であろう。

天保５年宝篋印塔

◉第八十一番　讃岐白峰寺（坂出市）

霜さむく露白妙の寺のうち
御名を唱うる法の声ごえ

檀家墓塔

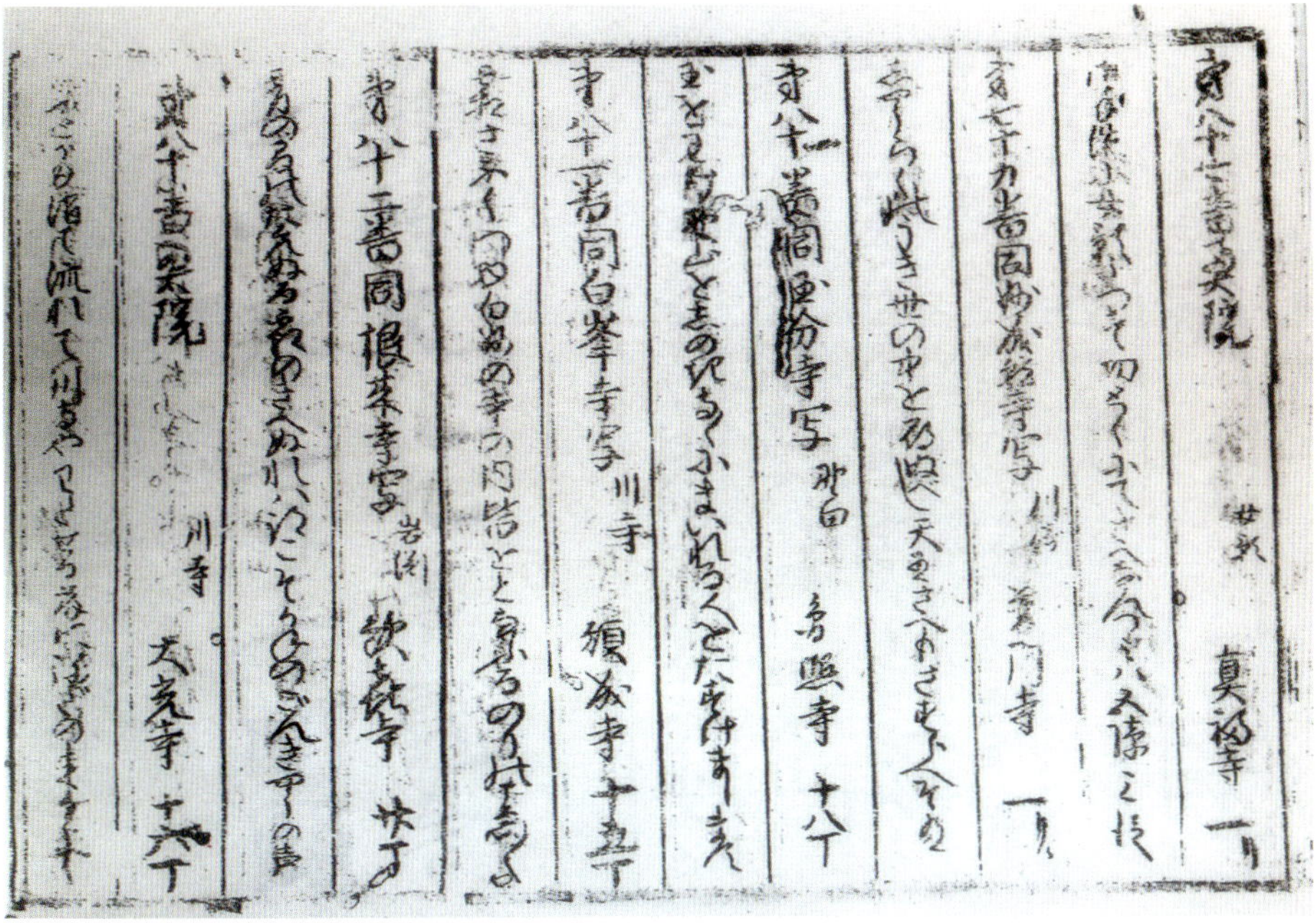

印施新四国遍路御詠歌

大光寺虚空蔵堂

山門

第八十二番

歓喜寺《かんきじ》

岩渕（飯能市）

◉道案内
西武池袋線元加治駅より
第八十～八十五番
西武池袋線飯能駅からも

岩渕《いわぶち》の歓喜寺は、第八十一番川寺の願成寺前より飯能大橋に向かい、入間川の渓谷を渡り、矢颪《やおろし》・前ケ貫を過ぎると成木川に着く。深い渓谷に架かるみどり橋を左折すると、前方に巨木が見える。赤い屋根の山門も見え隠れする。福寿院歓喜寺である。高麗の聖天院末と『新記』に記す。

本堂の裏手は成木川の断崖絶壁で、清流の響きが堂を包んでいる。

境内の一角に榧《かや》の巨木が聳え立ち圧倒される。千年を超える老樹だ。市の指定文化財である。近くに木槵《もくげん》子《じ》、ムクロジ科の古木がある。

六地蔵は瓦葺きの覆屋に安置され、諸檀家の配慮が行き届き、清々しい寺域である。

墓地を見ると中世板碑の小片が六基、近世初期、寛文年間の墓石も点在する。そのほか、岸田家の墓地に小型の板碑があり、康正三年（長禄元年・一四五七）と読める。

山門を出て右折すると、彼方に数十メートルの岩山が見える。『新記』には「村の西、成木川の南岸盤岩の中腹に堂あり、これを土人岩井堂と云う」とあり、観音を安置する名所である。

本堂

◉第八十二番　讃岐根香寺（高松市）

宵の間のたえふる霜の消えぬれば
あとこそ鐘の勤行の声

榧の大木

第八十三番

観音寺《かんのんじ》

飯能（飯能市）

◉道案内
西武池袋線元加治駅より
第八十～八十五番
西武池袋線飯能駅からも

本堂

飯能《はんのう》の観音寺は、第八十二番歓喜寺より戻り、県道218号線より飯能中央通りの交差点に出ると、下方に入間川が大きく蛇行する飯能川原が一望のもとにある。観音寺境内はこの川原を展望する絶景の地にひろがる。

「ここは川越城下より秩父へ通ふ道なり、また一条は南の方八王子辺より秩父へ通ふの道なり」と古くから伝えられたように、秩父山塊より平野に連なる拠点であった。山の産物と平野の穀物が交易される市場でもあった。

観音寺は般若山長寿院と号し、高麗の聖天院末、本尊は如意輪観音像。なお、西国三十三番・坂東三十三番・秩父三十四番をあわせ、百観音を祀るなど、信仰に尽力している。寺領は慶安年中より朱印地三石五斗を認められ、中興開山長誉は享保二十年（一七三五）八月遷化という。

参道は巨石が積まれ、一角に芭蕉の「枯枝に鴉《からす》とまりたる秋の暮」と刻まれた句碑がある。また、庫裡の前、巨木の蔭に「馬酔木《あせび》」を主宰した俳人、水原秋桜子の句碑「むさし野の空真青なる落葉かな」がある。

境内は鐘楼をはじめ、白象の供養像が置かれ、また「四国八十八ケ霊場お砂踏所」を設けて、人々の信仰を導く姿勢に感動する。お砂踏所は、四国八十八か所霊場を巡拝したおり、各寺の砂をいただき当所に納め、ここを廻ることによって、四国巡拝にかわる信心を果たすという試みである。

堂内に安置されている武蔵野七福神のうち寿老人の前に、梅の老樹がわずかに横たえている。早春の頃、神秘的な開花をむかえるという。

寺域の奥は深い谷川に囲まれ、流れは名栗川へと落ちている。墓地には代々の住僧をはじめ、名主小能家など多数の墓塔が見られる。

◉第八十三番　讃岐一宮寺（高松市）

さぬき一宮の御前に仰ぎ来て
神の心を誰れかしらゆう

観音堂

水原秋桜子句碑

第八十四番

智観寺《ちかんじ》

中山（飯能市）

◉道案内
西武池袋線元加治駅より
第八十〜八十五番
西武池袋線飯能駅からも

山門

中山《なかやま》の智観寺は、第八十三番観音寺より北に向かい、飯能第一小学校より西武池袋線を越えると小高い森に入る。智観寺である。

当寺は元慶年中（八七七〜八八四）、武蔵七党のひとつ丹治氏により創建された古寺で、その菩提寺となり、常寂山蓮華院と号し、江戸の大塚護持院末、慶安年間、寺領十五石・丹生明神五石と合わせ、二十石の朱印状を受けている。

中山の地は西上州より相州への行路と、秩父より川越・江戸への往還が通り、古来より要所であった。中世の館跡・近世初期の代官陣屋跡などもあり、正保の国絵図には上町・中町・下町など軒を並べ、中山町と記されている。

かつて智観寺は総門・表門・中門・本堂・書院・庫裡・裏門・鐘楼などをもつ大伽藍であったが、戊辰戦争（一八六八）のとき、彰義隊から分かれた「振武軍」一二〇人が当寺に立て籠り官軍と応戦、この戦乱によ

本堂

り災厄を受けた。

智観寺の広大な山内に多数の中山氏関係の資料が遺されている。この地方出身の中山家範《なかやまいえのり》は後北条氏の重臣となり、天正十八年（一五九〇）、豊臣秀吉に敗れて八王子城で戦死したが、その子中山信吉が、関東に入国した徳川家康に重任され、水戸藩の付家老《つけがろう》となった。付家老は家康が御三家の尾張藩に成瀬・竹腰家。紀州藩に安藤・水野家。水戸藩に中山家。以上の五家をつけ、幕府側が御三家の指導・監督をはかった重職であった。

桜の大樹や躑躅の並ぶ参道に入ると、戊辰戦争被弾跡が見られた山門（門扉は宝物館に収蔵）の前に、珍しい六体地蔵塔がある。天明三年（一七八三）、流行り病の治癒を感謝して寄進されたものという。並んで立つ菩薩石造は寛文八年（一六六八）の年紀が認められる。

境内は各所に中山氏一族の墓塔が立ち並び、厳粛な佇まいである。石段の設けられた半円形の高い塚は、県指定史跡だ。そのうえに、三メートルを超す宝篋印塔がある。塔身正面に「源盛院殿道立心圓居士」と刻まれているので中山信吉の墓塔である。信吉の三回忌、寛永二十一年（一六四四）に建立されたのであろう。

宝篋印塔

智観寺の多数の文化財は宝物館（毎年十月最終日曜日のみ開館）に収蔵されている。県指定文化財「木造薬師如来坐像」「中山信吉木碑」「涅槃図」、そのほかかつて境内西方の高所にあった仁治二年（一二四一）の板碑は「悲母比丘尼名阿弥陀仏」とあり、同三年の板碑には「当先考聖霊丹治家季三十八年星霜改葬之囘建弥陀三麻耶一基之石塔成矣」と刻まれている。二基は双碑として建立されたものと思われる。前者は丹治家季の妻、後者は家季である。他に永仁六年（一二九八）の板碑などを見ることができる。ともに県指定文化財である。この板碑は『新記』に三基の図を紹介している。

◉第八十四番　讃岐屋島寺（高松市）

梓弓屋島の寺に詣でつゝ、
祈りをかけて勇むもののふ

六体地蔵尊像

檀家墓地

第八十五番

真《しん》福《ぷく》寺《じ》

中山（飯能市）

◉道案内
西武池袋線元加治駅より第八十～八十五番
西武池袋線飯能駅からも

真福寺

中山《なかやま》の真福寺は、第八十四番智観寺の東方、中山丁字路信号を右折、加治神社の門前にあり、現在、旧寺域が広場になっている。『新記』に「慈眼山と号し智観寺末、開山詳ならず、本尊阿弥陀を安ず」と記されている。

集会所にも使用される新築の建物の前に大きな松があり、かつての寺院を偲ぶことができる。また裏側の道路を隔て、真福寺の墓地がある。新旧の墓石が入りまじり、各地の墓地に共通した風景である。

なお、近接した加治神社の本殿は明治末期、智観寺の北にあった丹生神社を合祀したとき移築したもので、参道に並ぶ六基の石灯篭は寛永十九年（一六四二）、中山信吉の嗣子、信正が寄進したものである。

◉第八十五番　讃岐八栗寺（牟礼町）
煩悩を胸の智火にて八栗をば
修行者ならで誰か知るべき

地蔵塔道標

第八十六番

龍泉寺

栗坪（日高市）

◉道案内
西武池袋線高麗駅より
八十六～八十八番

栗坪《くりつぼ》の龍泉寺は、第八十五番中山の真福寺北方の国道299号を滝不動まで行き、左の山林から梅原・栗坪へと山道があったが、現在はゴルフ場のため迂回する。あるいは西方の高麗駅前より鹿台橋・高麗橋経由で栗坪へ行く。そして施設「かわせみ」に沿って龍泉寺に入る。寺は高岡山と号し、高麗の聖天院末である。

寺域の左に見事な道標が残る。刻まれた石仏の背後に「文政十三年庚寅十月吉日　高麗町施主松田金兵衛□□□□（削除）信心講中」、台座には「北　おごせ・小川、東　川ごえ・江戸」と刻まれている。

本堂の前に二基の石仏があり、右には「宝永六年（一七〇九）九月十一日　斉藤伊右衛門　穐風明月信士」、左の石仏は「宝永三年丙戌三月十九日　華空顔清信士」、ともに穏やかな相貌である。

第八十六番栗坪龍泉寺の奥の院が楡木《にれぎ》の東光寺、近い場所なので立ち寄ってもよい。県道15号の坂戸入り口を左折すると、右手に小さな堂が目に入る。ゲート

本堂

本堂前の石仏

第八十六番龍泉寺の奥の院東光寺

東光寺の安永４年石仏

ボールなどの出来る広場の周囲に、桜の大樹が数本みられる。堂の右前に寂しげに一基の石仏が残る。「安永四年（一七七五）乙未　楡木村旦中」と読める。また左に「南無阿弥陀仏」の碑が残されている。

◉第八十六番　讃岐志度寺（志度町）

いざさらば今宵はこゝに志度の寺
祈りの声を耳に触れつゝ

第八十七番

霊巌寺《れいがんじ》

新堀（日高市）

◉道案内
西武池袋線高麗駅

本堂

新堀《にいほり》の霊巌寺は、第八十六番栗坪の龍泉寺より高麗川の南岸を東に歩行、野々宮神社・熊野神社を過ぎ、藤川屋前を左折すると霊巌寺である。

寺は高麗川の蛇行する断崖を背にし、境内には巨大な岩石が美しく聳え、観音石像が置かれている。霊岸寺は箕輪山満行院と号し、越生町上野の医王寺末で四石の朱印地を認められている。開山は宥仙。中興七代秀照が現在の本堂を再建したのは、明和六年（一七六九）の頃である。

堂内に地蔵菩薩とともに関野聖雲の謹刻、聖観音像（箕輪観音）が祀られている。現在用いられていないが、至文堂刊行の『日本の美術2』（郷家忠臣編）四一頁によれば、柴田是真の描いた参詣札で知られていた。

境内には日高市の指定樹木、枝垂桜の老樹が本堂前に屹立し、かつて、根元に明徳三年（一三九二）の石碑があり、この碑には開山宥仙の事跡が刻まれている。また境内から出土した永正の板碑がみられた。この碑

境内の巨岩

しだれ桜老木（市指定樹木）

には「逆□□□」の文字が認められるので、死後の往生菩提を祈った「逆修」板碑であろう。現在、本堂の西方、巨岩の傍らに数基の墓塔とともに建てられている。

墓域に代々住持の墓塔が並び、しかも初代よりすべてに卒塔婆を添え、整った霊域である。大きな宝篋印塔は十五代秀忓《しゅうかん》和上。寛延元年戊辰（一七四八）十一月二十一日、新堀村霊岸寺遺弟と刻まれている。

寺域からは、むかし、大量の板碑が出土したが、廃仏毀釈のとき、砕かれたまま埋められたそうだ。

寺域の南方に深い谷と竹林が繁茂し、三叉路の角に「入定塚」が存在する。霊岸寺第十六世法印行盛が、寛政九年（一七九七）八月五日、天明の飢饉による村々の荒廃と、たかまる社会不安の鎮静を祈り、穴に入り、命を仏に捧げた入定の遺跡である（入定塚碑文による）。

村人は地上に洩れる竹筒からの鉦音が消えるまで、三日三晩、食を絶って塚に伏し、読経を続けたと、今日も言い伝えられている。

西方に高麗川の清流が輝き、踵《きびす》を返せば対岸に高麗神社が見える。

◉第八十七番　讃岐長尾寺（長尾町）

あしびきの山鳥の尾の長尾寺
秋の夜すがら弥陀を称えよ

昔の参拝札

住持宝篋印塔

寛政９年法印行盛の入定塚

境内石塔の一部

第八十八番

聖天院《しょうでんいん》

高麗（日高市）

◉道案内
西武池袋線高麗駅

山門

高麗《こま》新堀《にいほり》の聖天院は、霊巌寺より県道15号の信号を栗坪で右折し、道なりに進み獅子岩橋を渡れば、北方の山腹に聳える聖天院本堂の雄大な甍《いらか》に圧倒される。『新記』には「当院は高麗山勝楽寺と号し、山城国醍醐松橋無量寿院末」と記し、国指定重要文化財の銅鐘、県指定文化財の応仁の鰐口をはじめ、多数の史跡・文化財を有している。まさに、四国八十八霊場を武州に写した筆頭の寺院である。

第一番越生の法恩寺からはじまる遍路は順打ちといい、第八十八番の聖天院が最後である。また聖天院からはじめると逆打ちという。人々は近接の便によって巡拝に出たのであろう。

聖天院の山門の傍らに高句麗から渡来し、この地方に先進文明をひろめた高麗王の五輪石塔がある。霊亀二年（七一六）五月、武蔵国に高麗郡を建郡して、一、七九九人の高句麗人が移住した、その統率者の墓塔である。天正十九年（一五九一）寺領十五石の御朱印を

聖天院全景

本堂

認められた、門末五十四か寺を有する大寺である。

山腹に展開する広大な境内、美しい高麗殿池を巡り、山門の前に歩を進めれば、俳人高浜虚子の句碑がある。「山寺は新義真言ほと、ぎす」と刻まれている。

山門から長い階段を上がると、本堂からの眺望はパノラマ、都内周辺の高層ビルを雲中に見る絶景だ。

東方に高麗神社が鎮座し、寺社ともに周囲を高麗丘陵に囲まれている。この歴史的風致は、まさに「武蔵飛鳥」と呼ぶにふさわしいのである。

●第八十八番　讃岐大窪寺（長尾町）

南無薬師諸病なかれと願いつ、
詣れる人は大窪の寺

高麗王廟

六地蔵

高浜虚子の句碑

◉資料編

● 印施新四国遍路御詠歌

第一番　阿州霊山寺写　越生　法恩寺　六丁

霊山のしやかのみまへにめぐりきてよろつのつみもきへうせにけり

第二番　同国極楽寺写　同所　正法寺　十丁

極楽のみだの浄土へゆきたくハ南無阿みだ仏口くせにせよ

解題　右の古文書は文化九年（一八一二）三月五日、越生の法恩寺山主が、上野の医王寺秀如・堂山の最勝寺海恵・田代の吉沢凡斎の協力によって、四国八十八霊場に倣い、武州に八十八霊場を設定した記録である。本書はこの史料をもとに巡拝し、叙述したものである。

● 弘化三年（一八四六）四月、幕府の触書（読み下し文）

近来、関東筋村々新四国八十八ケ所と唱え、銘々組合を立て、寺院または村持ち鎮守社地などえ、新規に小堂を補理し、弘法大師の像を安置いたし候儀、追々相増し、村方のものども申し合わせ、巡拝と唱え組々多人数にて、村々を横行いたし、相互に接待と申し酒食等致し候由、農業を怠り候のみならず、自然と怠惰になっている様子、しかも自分勝手に新規の堂社を立てることなど、禁止されているのにもかかわらず、無視している。今後は仏事や参詣にことよせて、遊興を行ってはならない、村役人は監督を強化し、無許可の堂社はただちに撤去するようにせよ。

解題　この触書は、国内各所に設けられた八十八霊場を禁止し、札所巡拝のために設けた小堂は取り壊すようにと強硬に迫った施策で、幕府直轄領や旗本領については関東取締り出役が担当し、寺社領については寺社奉行の命令によって徹底をはかったのである。この結果、各地の八十八霊場は消滅し、幻と化したのである。

◆武州八十八霊場 寺院住所

第一番 法恩寺 埼玉県入間郡越生町越生 七〇四
第二番 正法寺 同 上野 九六〇
第三番 医王寺 同 上野 二〇四三
第四番 多門寺 同 上野 一四五四
第五番 宝福寺 埼玉県入間郡毛呂山町大谷木 一五四
第六番 延命寺 同 下川原 二四五
第七番 観音寺 埼玉県坂戸市四日市場 三七九
第八番 南蔵寺 （廃寺） 川角八幡社境内に遺跡
第九番 山本坊 （廃寺） 西戸国津神神社境内ほかに遺跡
第十番 龍台寺 埼玉県入間郡越生町西和田 一〇一
第十一番 興禅寺 同 西和田 八四九
第十二番 見正寺 同 成瀬 三三〇
第十三番 高蔵寺 同 津久根 二五三
第十四番 大泉院 （廃寺）
第十五番 最勝寺 埼玉県入間郡越生町堂山 二八九
第十六番 仏心院 （廃寺）
第十七番 慈眼坊 埼玉県比企郡ときがわ町西平 一五一五武藤様（多武峰神社）
第十八番 慈光寺 同 西平 三八六
第十九番 長勝寺 （廃寺）
第二十番 観音寺 埼玉県比企郡ときがわ町本郷 五五一
第二十一番 医光寺 （廃寺） 寺跡あり

第二十二番　光明寺　埼玉県比企郡ときがわ町玉川　三〇一七
第二十三番　満願寺　埼玉県比企郡鳩山町熊井　八〇〇
第二十四番　真光寺　同　大豆戸　三四〇
第二十五番　興長寺　同　小用　二四〇
第二十六番　大榮寺　埼玉県坂戸市厚川　七八
第二十七番　長久寺　同　浅羽　一四八六
第二十八番　善能寺　埼玉県入間郡鶴ヶ島市脚折町　六―三―一〇
第二十九番　大智寺　埼玉県坂戸市石井　二三三一
第三十　番　龍福寺　同　戸口　四五三
第三十一番　正法寺　埼玉県東松山市岩殿　一二二九
第三十二番　長慶寺　同　神戸　一六七八
第三十三番　安楽寺　（廃寺）安楽寺墓地あり
第三十四番　成就院　（廃寺）金井秋葉神社近辺
第三十五番　龍性院　埼玉県比企郡吉見町北吉見　四五九
第三十六番　安楽寺　同　御所　三七四
第三十七番　正伝寺　同　和名　三五九
第三十八番　息障院　同　御所　一四六―一
第三十九番　明王院　同　下細谷　四一五
第四十　番　無量寺　同　久保田　一三八〇
第四十一番　観音寺　同　大串　一二八二
第四十二番　宝性寺　同　江綱　一二九九
第四十三番　法鈴寺　埼玉県比企郡川島町下小見野　一五五
第四十四番　西見寺　同　吹塚　二三三二

第四十五番　極楽寺　同　上八ツ林　二六一
第四十六番　善福寺　同　下八ツ林　三〇七
第四十七番　広徳寺　同　表　七六
第四十八番　十輪寺　（無住）堂と墓地
第四十九番　慈眼院　埼玉県比企郡川島町角泉　一一〇
第　五十　番　弘善寺　（廃寺）上務集落センターと墓地
第五十一番　大福寺　埼玉県比企郡川島町平沼　三〇八
第五十二番　大聖寺　同　伊草　一六一
第五十三番　金乗院　同　上伊草　八三〇
第五十四番　善能寺　同　中山　一八二三
第五十五番　金剛寺　同　中山　一一九八
第五十六番　延命寺　同　中山　一二八五
第五十七番　正福寺　同　南園部　三一〇
第五十八番　光勝寺　埼玉県坂戸市赤尾　一八三一
第五十九番　東光寺　同　小沼　二六六
第　六十　番　法音寺　同　小沼　九〇二
第六十一番　忠榮寺　同　横沼　三六六
第六十二番　長福寺　同　紺屋　八九二
第六十三番　永命寺　埼玉県川越市下小坂　六八八
第六十四番　慈眼寺　埼玉県坂戸市中小坂　二八五
第六十五番　正音寺　埼玉県鶴ヶ島市上広谷　六〇五─一
第六十六番　満福寺　同　太田ヶ谷　四八七
第六十七番　延命寺　埼玉県川越市笠幡　四四五一

第六十八番　三明院　同　池辺　五〇七
第六十九番　広福寺　埼玉県狭山市下奥富　八四四
第　七十　番　瑞光寺　同　上奥富　三五四
第七十一番　永代寺　同　柏原　二四九二
第七十二番　成円寺　（廃寺）市内徳林寺境内に地蔵堂を移す
第七十三番　常泉寺　埼玉県狭山市北入曽　三一五
第七十四番　金剛院　同　南入曽　四六〇
第七十五番　龍円寺　埼玉県入間市新久　七一七
第七十六番　蓮華院　同　春日　二―九―一
第七十七番　明光寺　埼玉県狭山市根岸　八一
第七十八番　観音堂　（無住）観音堂を残す
第七十九番　普門寺　埼玉県飯能市川崎　三〇〇
第　八十　番　円照寺　埼玉県入間市野田　一五八
第八十一番　願成寺　埼玉県飯能市川寺　六八八
第八十二番　歓喜寺　同　岩淵　六八五の甲
第八十三番　観音寺　同　山手町　五―一七
第八十四番　智観寺　同　中山　五二〇
第八十五番　真福寺　同　中山　四三六
第八十六番　龍泉寺　埼玉県日高市栗坪　一二四
第八十七番　霊巌寺　埼玉県日高市新堀　七四〇
第八十八番　聖天院　同　新堀　九九〇
※埼玉県寺院名簿（埼玉県仏教会編）による

◆石塔の種類と各部の名称

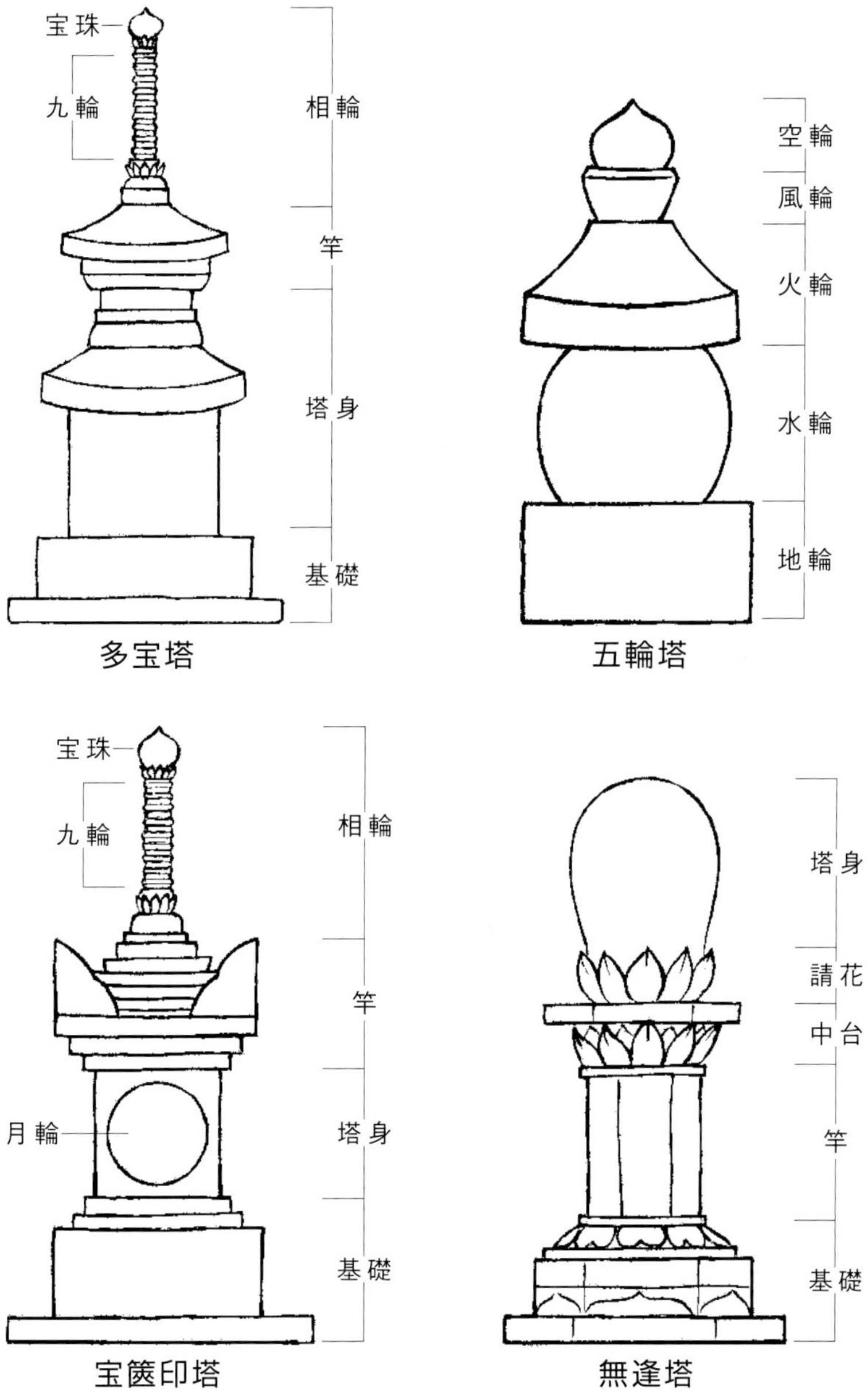

あとがき

私は昭和二十九年（一九五四）の某日、田宮虎彦の小説をもとにした映画「足摺岬」をみて、主人公たちが、暗い絶望のなかから、わずかな燭光を求める姿に共感し、衝動的にかの地を訪れた。岬は一里四方におよぶ花崗岩の絶壁が続き、荒れ狂う太平洋の波涛が砕け、海を知らない私はただ震えるばかりだった。その帰途、札所第三十八番蹉跎山金剛寺から第三十七番藤井山岩本寺まで、二十一里の遍路道を、持参した一升の米を炊いて数日歩き続けた。四国霊場の巡拝はこの機会で終わったが、街道にのこる小さな墓石が、肩を寄せ合うように倒れ、草に覆われていたのが忘れられなかった。

その後、史料調査の機会に法恩寺山主が作成した『印施新四国遍路御詠歌』を見つけ、新たに遍路を決意し、各霊場の風致を観察しながら参拝した。先人と同様に、できるだけ歩き、過ぎ去った人々への追慕を抱きながら霊場を拝し、感懐を記したのが本書である。

山寄りの村は町になり、路線バスは廃止されクルマ社会に変貌を遂げたが、林業の枝打ちの新鮮な香りと、材木を加工する成熟した香りは消えることはない。

あちこちに置かれていた果実・野菜の無人販売は減少したが、「道の駅」の豊かな産物の交流は、地方の活性化の一端を担っているようにみえる。しかし、むらの実態は過疎化が日常性を帯び、そして、むらが消えるという心配である。

私はもう一度、自分の足で武州八十八霊場を巡拝したい。足は衰えたが、厳粛な八十八の霊場は永遠であるから――。

本書は石黒博・同洋子・井上悦子・小暮晴彦・小山裕・内藤浩子・永野正豊・星野恭司様の御協力によって完成しました。御礼申し上げます。

なお本書の上梓にあたり、さきたま出版会　星野和央様の御高配にあずかりました。記して謝意を表します。

大舘　右喜

二〇一八年一月

著者略歴

大舘　右喜（おおだち　うき）

1933年　埼玉県に生まれる。

博士（歴史学）元帝京大学文学部教授

◉主要著書

『幕末社会の基礎構造』（埼玉新聞社 1981）

『幕藩制社会形成過程の研究』（校倉書房 1987）

『近世関東地域社会の構造』（校倉書房 2001）

『学校誕生』（さきたま出版会 2015）

幻《まぼろし》の武州八十八霊場《ぶしゅうはちじゅうはちれいじょう》

埼玉の古寺をたずねて

2018年2月15日　初版第1刷発行

著　　者　　大舘《おおだち》　右喜《うき》

発 行 所　　株式会社さきたま出版会

〒336-0022　さいたま市南区白幡3－6－10

電話 048－711－8041

ブックデザイン　　星野 恭司

印刷・製本　　関東図書株式会社

　ISBN 978-4-87891-447-8　C0026